인간관계에도
가지치기가
필요하다

인간관계에도 가지치기가 필요하다

초판 1쇄 2022년 08월 30일
지은이 손효정 | **펴낸이** 송영화 | **펴낸곳** 굿웰스북스 | **총괄** 임종익
등록 제 2020-000123호 | **주소** 서울시 마포구 양화로 133 서교타워 711호
전화 02) 322-7803 | **팩스** 02) 6007-1845 | **이메일** gwbooks@hanmail.net

ISBN 979-11-92259-57-4 03190 | 값 **15,000**원

※ **굿웰스북스**는 당신의 풍요로운 미래를 지향합니다.

HUMAN RELATIONS CLEAN UP!

인간관계에도 가지치기가 필요하다

손효정 지음

굿웰스북스

프롤로그

사람이 태어나서 죽는 순간까지 일생을 살면서 가장 힘든 점은 무엇일까? 아마도 대부분은 돈 벌어서 먹고사는 일과 사람들과의 관계가 아닐까 싶다.

현대를 살아가고 있는 사람들의 가장 큰 관심사는 의식주 해결을 위한 돈 버는 일이라고 해도 과언이 아니다. 먹고사는 일은 삶의 가장 기본적인 일이다. 각자 자기가 가지고 태어나거나 개발한 재능으로 나름의 인생을 살아가고 있다. 그러나 넘쳐 나는 경제 정보의 홍수 속에서 나에게 맞는 일자리와 투자처를 찾기란 쉽지 않다. 매일 아침 눈을 뜨면 하루가 다르게 변하는 경제 상황이 펼쳐진다. 돈 없이는 살아가기 힘든 세상이니 사람들은 잘살아보려고 발버둥 치며 경제 상황을 예의 주시하려 눈에 힘을 주고 있다.

우리는 태어나면서부터 사람들과의 관계에 맞닥뜨린다. 먼저 부모님과 형제자매와의 관계, 자라서 학교에 가면 친구들과 선생님과의 관계, 사회에 나가면 직장에서 동료와 선후배와의 관계, 사랑하는 연인과의 관계 등등 많은 관계 속에서 살아간다.

산 속에서 혼자 살아가는 자연인이 아니라면, 삶은 어쩔 수 없는 관계의 연속이다. 각양각색의 여러 사람들과 살아가다 보면 각자의 특징들 때문에 관계를 이어가기에 어려움이 많다는 것을 알게 된다. 인간관계의 어려움은 누구에게라도 있다. 아무리 성격 좋은 사람이라 하더라도 사람과의 관계는 늘 조심스럽고 신경 써야 할 일이 많은 것이다.

많은 사람들과 관계가 좋고 잘 지내는 사람들을 보면 부럽기도 하다. 나는 그렇지 못함을 떠올리며 반성하기도 한다. 그러나 어려움이 많은 인간관계에 대한 속 시원한 해법은 아무리 전문가라도 찾기 힘든 것이 현실이다. 각자 생각이나 감정이 다 다르기 때문이다.

인간관계에 대한 정답은 없다. 그러나 이 책을 읽는 사람들이 좀 더 수월하게 관계를 이어가고 많은 사람들과 편하고 좋은 관계로 발전할 수 있도록, 현실적인 조언과 격려를 해주고 싶은 마음으로 글을 썼다.

언제나 누구와라도 어렵지 않게 관계를 만들고 살아갈 수 있어야 돈 버는 일도 쉬워진다. 경제활동의 전반적인 면에서 인간관계는 아주 중요하게 작용하기 때문이다. 인간관계가 꼭 다 좋아야 할 필요는 없지만, 이왕이면 좋은 관계가 서로에게 도움이 된다고 생각한다.

그러나 무엇보다 이 세상에서 가장 중요한 사람은 다른 누구도 아닌 나이다. 나의 중요함을 깨닫고 나의 마음이 다치지 않게 나를 위하고 나의 내면을 단단히 하여야 한다.

더 이상 참지 말고 나를 지치고 힘들게 하는 관계는 과감히 가지치기해서 버리는 연습도 필요하다. 한 번뿐인 나의 인생을 살아가는 동안 상처 주지 않고 상처받지 않으며 행복하게 살아갈 수 있는 각자 나름의 관계의 기술을 만들자.

마지막으로 나와 가족으로 관계 맺고 있는 나의 다정한 남편, 멋진 아들, 예쁜 딸에게 고마움과 무한한 사랑을 전한다.

목 차

프롤로그 004

1장

사람 때문에 힘들 때는
어떻게 해야 할까?

01 왜 화가 나고 힘들지? 015
02 내가 그 사람을 미워하는 이유 023
03 외롭지만 혼자가 좋아 031
04 스스로 내 마음을 잘 알고 있다고 착각하지 마라 038
05 힘들 때 사람에게 기대면 안 되는 이유 046
06 나 빼고 다 잘 지내는 것 같다 053
07 쉽게 상처받는 사람들의 함정 061

2장

인간관계에도 가지치기가 필요하다

01 때로는 인생보다 관계가 더 힘들다 071

02 조금은 이기적이어도 되지 않을까 079

03 솔직하게 인정하고 표현하라 087

04 상대방에게 맞추어 살 필요는 없다 094

05 관계가 끝난 것이지 인생이 끝난 게 아니다 102

06 지금 당장 가지치기가 필요한 관계 110

07 완벽한 관계는 없다 117

08 관계를 지속하려고 더 이상 애쓰지 말자 124

3장

친하더라도 당장 손절해야 하는 7가지 유형

01 말마다 부정적인 단어만 쓰는 유형 135

02 남이 잘되는 꼴을 못 보는 시기 · 질투 유형 143

03 우유부단하고 갈팡질팡하는 유형 151

04 거짓말을 진실처럼 말하는 유형 158

05 자존감이 낮아서 상대방을 피곤하게 하는 유형 165

06 친절한 척하며 이용하려는 유형 172

07 자신의 이익에만 몰두하는 유형 179

4장

좋은 사람 놀이, 일방통행 관계 그만하기

01 좋은 사람이라고 격려받고 싶은 심리 189

02 나도 모르게 알게 된 나의 진짜 감정 196

03 사랑할수록 상처가 되는 사람과의 관계 203

04 내 안의 상처를 인정하기 210

05 집착하지 않고 관계를 유지하는 방법 218

06 내 말에 상처받는 사람은 언제나 존재한다 225

07 상대방에 대한 이해와 존중이 먼저다 232

5장

모든 사람에게 사랑받을 필요는 없다

01 스스로 칭찬할 줄 알아야 살아갈 수 있다 243
02 조금은 덜 피곤한 관계의 기술 251
03 인간관계도 오늘의 날씨와 같다 259
04 나를 소중하게 여기기 267
05 당신과 우리 모두는 가치 있는 존재다 274
06 상처받으면서까지 사랑할 필요는 없다 281
07 더 이상 마음 다치지 않기 289

HUMAN RELATIONS CLEAN UP!

1장

사람 때문에 힘들 때는 어떻게 해야 할까?

01

왜 화가 나고 힘들지?

요 몇 년 사이 사람들의 가장 큰 바람은 마스크를 벗고 자유롭게 활동하는 것이었다. 세계적인 코로나 팬데믹으로 통제된 생활과 행동에 많은 불편을 겪으면서 사람들은 예전의 일상생활을 그리워했다. 거의 모든 생활 방식이 코로나 이전과는 완전히 바뀌었다고 볼 수 있기 때문이다.

처음엔 매일 만나고 살던 친구와 가족과 지인들을 만날 수 없어서 힘들었었다. 서로를 걱정하고 배려해야 하니 못 만나도 참았다. 그래도 요즘은 스마트폰이 있으니 소통에는 문제가 없었지만, 점점 혼자 있어야 하는 시간이 길어졌다. 이런 것이 외로운 것인지 편한 것인지 분간을 할 수가 없었다. 많은 시간이 흘러서 지금은 코로나가 거의 해제되었으나 여전히 마스크를 쓰고 다닌다. 마스크를 꼭 착용해야 했던 지난 2년여의 시간 동안 마스크는 그냥 일상이 되어버렸다. 처음엔 답답하고 불편했다. 하지만 지금은 오히려 마스크를 착용하는 것이 더 편하다. 이렇듯 변한 생활과 같이 사람들과의 관계도 많은 변화가 있었다.

가장 많이 변한 것이 직장생활의 회식 문화다. 예전에는 업무를 마치고 거의 매일이다시피 술잔을 기울이며 직장생활의 고충과 동료들과의 어려운 관계를 토로하였다. 매일 마신 술로 몸은 힘들었지만 동료들과 주고 받은 마음의 위안은 그래도 내일을 살아갈 힘이 되었다. 회사 근처 고깃집이나 포장마차에는 늘 그런 직장인들로 북적였다. 그러나 코로나가 터지고 더 이상 서로 함께 할 수 있는 시간이 없어졌다. 그래서 한편으로 편하기는 한데 뭔가 좀 서운하고 살짝 외롭기도 하다. 직장생활을 할 수 있다는 것이 이렇게 행복한 일인 줄도 몰랐다. 누구라도 어디서든 나의 주변에서 코로나 확진자가 나오면 죄인 취급을 받으니 함부로 말을 할 수도 없었다. 이런 어려운 코로나 시대가 지나가고 나니 인간관계도 정리가 되는 것 같다. 늘 함께하던 술 친구도 회사 동료도 이제는 술 마시는 대신 운동을 한다고 일찍 귀가한다. 예전에는 늘 뭉쳐 다녔는데 이제는 각자의 자리로 간다. 참 많이 변했지만 또 받아들이고 각자의 삶을 살아간다. 혼자 있는 시간에 익숙해져간다.

이렇게 변해서 좋은 점도 있지만 안 좋은 점도 많다. 나는 원래 사람들 속에 섞여 있어야 에너지가 충전되고 기분이 좋아지는 성격이다. 혼자 조용히 있는 시간은 잠을 자거나 영화를 보는 시간 외에는 거의 없다. 가족이나 이웃이나 친구들과 무엇인가를 하고 있을 때가 제일 좋은 사람이다. 그래서 내 주변은 늘 사람들로 북적거렸다. 맛있는 것을 나누고 멋진 곳을 함께 다니고 재밌는 것을 찾아 헤맸다. 혼자 조용히 지내본 날은 거의 없다. 하물며 몸이 아프거나 힘든 날에도 친구들과 맛있는 것을 먹으며 수다를 떨고 나면 괜찮아졌다.

그런 나도 코로나 이후로는 많이 변했다. 혼자 있는 시간을 즐기고 있다. 책을 읽고 영화를 보며 나만의 시간을 보내는 방법을 터득해가고 있다. 잘 지내다가도 문득 화가 나고 힘들다. 왜일까? 사색하고 혼자 있는 시간이 많다는 것은 고민할 거리가 많아진다는 것인 것 같다. 예전에는 고민하지 않던 사소한 것도 제법 큰 고민으로 느껴진다. 혼자 있는 시간이 나를 점점 더 작아지게 만드는 것 같다는 생각도 든다.

사람은 사회적인 동물이다. 그러다 보니 사람과의 소통과 공감을 하며 살아가야 한다. 혼자서 생각의 모래성을 쌓고 부수고 하다 보니 잡념이 많아지고 화가 나는 것 같다.

가족 간의 유대감과 공감이야말로 정말 중요한 관계의 문제이다. 얼마 전에 시골에 혼자 사시는 엄마를 만나러 갔었다. 오랜만에 찾아온 딸이 반가웠던지 무뚝뚝한 시골 노인의 수다가 시작되었다. 엄마는 늘 딸인 내가 찾아가면 온 동네 뉴스를 다 전한다. 동네 뉴스뿐 아니다. 30여 명이 넘는 사촌과 그들과 연관된 모든 사람들 소식을 전해준다. 나는 그 모든 뉴스를 듣고 호응해주는 것이 효도라 생각하고 듣는다. 여느 때와 마찬가지로 그냥 생각 없이 듣고 있었는데 '아, 이것은 엄마가 많이 속상하셨겠구나 하는 대목이 있었다.'

우리 집에서 자란 사촌오빠 두 명이 있다. 큰아버지, 큰어머니가 병으로 일찍 돌아가셔서 삼촌인 아버지가 두 형제를 우리랑 같이 키웠다. 우리 친오빠 두 명이랑 연년생이라 넷이서 북적거리며 함께 살았다. 고등학교를 졸업하고 사회에 나가기까지 우리랑 함께 살아서 어릴 때 나는 그들도 그냥 우리 친오빠들인 줄 알고 살았다. 없는 시골 살림에 조카들까지 키웠으니 우리 엄마의 고생은 안 봐도 눈에 선하다. 그래도 사회에 나가서 돈을 벌고 잘 살아 주어서 늘 고마워했다. 명절이나 큰아버지 제사에는 찾아오는 것을 기특하게 생각하고 돌아갈 때는 반찬이며 여러 가지 먹을 것을 싸서 들려 보내곤 했다. 자식인 우리보다 오히려 더 잘 챙겼다. 조카라서 차별한다 소리 들을까 봐 더 잘했다고 한다. 사촌오빠 중에 큰오빠는 장애까지 있어서 결혼하기 전까지 엄마가 돌봤고, 결혼해서 아이들이 태어나고 오빠의 처갓집 쪽으로 이사 가기 전까지도 이런저런 살림살이며 생활 전반을 도와주었다.

작은오빠도 결혼해서 나름 잘 살았다. 아이들도 커서 좋은 대학에 가고 평범하게 잘 살아 주어 엄마는 늘 감사하다고 했다.

그런데 얼마 전에 너무 섭섭하고 억울한 일이 있었다고 한다. 그 사촌오빠에게는 누나가 한 명 더 있다. 누나는 일찍이 이모 집으로 가서 살았기 때문에 엄마가 보살피지는 않았지만 그래도 엄마가 중매해서 시집도 보내주었다. 지금까지 말없이 잘 살던 그 사촌들 중에 누나가 갑자기 찾아와서 할아버지의 유산을 내놓으라고 했단다. 엄마는 너무 기가 막혀서 말도 안 나오더란다. 할아버지가 돌아가시고 비슷한 시기에 큰아버지가 젊은 나이로 돌아가셔서 유산이랄 것도 없었다. 우리 엄마 아버지가 산을 밭으로 일구고 아버지의 회사 다니며 받아오는 월급을 알뜰살뜰 모아서 작은 집도 장만했었다. 도대체 어떤 유산이 있다는 것인지 엄마는 도무지 이해 되지 않았다 한다. 그런데도 막무가내로 삼촌이 다 받은 자신들의 유산을 달라고 떼를 써서 기가 막힌 엄마는 나는 아무것도 모르니 어떤 것이 유산인지 찾아오라고 했다. 찾아오면 돌려줄 테니 가라고 보냈다고 한다. 몇십 년이 지난 지금에 와서 유산이 웬 말이며 시골 살림 뻔한데 어떤 유산이 있다는 것인지. 그것보다 더 억울하고 섭섭한 것은 조카들을 키우고 보살핀 보람이 없다고 느껴진 것이다. 키워줬다고 효도를 하라는 것도 아니다. 하지만 키워준 공은 없고 돌아온 것은 유산 타령이라니. 엄마가 기가 막 힐만 했다.

엄마는 계속 나를 붙잡고 남한테 말하기도 부끄럽다시며 억울하다 하셨다. 엄마의 이야기를 듣고 보니 가족 간에 제일 문제가 되는 상속 문제가 이런 시골에도 있구나 싶었다. 사실 시골에 있는 논과 밭은 값으로 따지면 정말 적은 돈이다. 도시의 아파트 한 채 값이면 시골에서는 거의 한 동네를 다 합한 금액 정도 된다. 그런데 부산에 아파트가 몇 채나 되는 그 사촌 언니는 왜 갑자기 그 시골에서 농사만 짓고 평생을 사신 엄마한테 유산 타령을 했을까. 그 자신도 자식을 키워봐서 어려운 살림에 자신의 동생들까지 키워준 공을 모르진 않을 텐데. 여러 가지 생각이 들었다. 엄마는 팔십도 훨씬 넘은 노인이다. 이제 인생을 마무리하는 단계에서 돌아보니 힘들고 고된 인생이었지만 조카들까지 장가 다 보내서 한편으로는 뿌듯하고 보람 있었다 한다. 공부는 많이 못 시켜도 남들한테 손가락질 안 받게 번듯하게 잘 키웠다고 자부했단다. 애 먹이고 아픈 자식 없어서 늘 감사했단다. 그런데 갑자기 이런 일이 벌어지니 마음이 많이 상하셨다. 가족이라는 이름이 원래 더 힘들게 하고 아프게 한다. 어떤 마음으로 갑자기 이런 일을 벌였는지 궁금하지만 나는 관여하지 않기로 했다. 나까지 관여가 되면 자칫 싸움이 될 수도 있고 일이 커질 수도 있는 문제다. 모쪼록 엄마의 마음이 더 아프지 않도록 사촌들이 마음을 열고 일이 잘 해결되었으면 하는 마음이다.

이런 일은 비단 우리 집만의 문제는 아니다. 요즘은 형제 자매지간에도 부모님의 유산 때문에 싸우기도 하고 아예 서로 원수처럼 지내는 사람들도 많이 봤다. 다 자신의 입장이 있지만 가족이라면 좀 더 마음을 넓게 가지고 더 배려하면 좋게 해결이 될 텐데 그게 잘 안되는 것이 또 사람의 마음이다.

그래서 가족을 생각하면 화가 나고 힘이 든다. 가족 간에는 특히 기대가 크고 서로 원하는 바가 다르니 많이 싸우고 분쟁이 일어날 수밖에 없다. 자라난 환경이 같고 부모님이 같으니 성격도 비슷하고 시기 · 질투도 많다. 늘 비교당하니 서운한 일도 많다. 그러니 가족만 생각하면 화부터 나는 사람이 많다. 그만큼 많이 사랑하고 기대해서 그런 건 아닐까.

가족은 그냥 무조건 내 편이어야 한다. 가족은 그냥 무슨 일이 있더라도 같은 편이어야 한다. 가족은 원래 그런 것이어야 한다. 생각하면 화가 나고 힘든 관계가 아니라 생각만 해도 웃음이 절로 나오고 든든한 관계여야만 한다. 그런 것이 가족이어야만 한다.

02

내가 그 사람을 미워하는 이유

미워하는 사람 없이 좋아하는 사람들하고만 살아가는 사람은 얼마나 행복한 삶일까? 좋아하고 사랑하는 사람들만 주변에 있다면 세상 부러울 것 없는 인생일 것 같다. 서로를 아끼고 사랑하는 가족, 언제나 내 편이 되어주는 친구, 힘든 일도 기꺼이 함께해주는 고마운 직장동료들 이런 사람들과 하루하루를 살아가는 일은 천국 같은 삶인 것이다.

미워하는 마음 없이 사랑하고 좋아하는 사람들과의 관계는 언제나 좋을 수밖에 없다. 부족함이나 걸리는 문제점 없이 매끄럽게 관계를 이어갈 수 있다. 사람에 대한 미워하는 마음은 나 자신을 갉아 먹는 내 안의 벌레와도 같다. 미워하는 마음을 조금이라도 빨리 소화시키거나 지워야 내가 건강하게 살 수 있다. 미워하는 마음이나 감정은 시시때때로 일어날 수 있다. 길을 가다가도 생길 수 있고, 잠시 생각에 빠졌다가도 생길 수 있다. 아니면 대화 중에 제일 많이 일어나는 감정이 미워하는 감정이다. 상대가 나를 무시한다거나 나와 대화가 통하지 않고 내 말을 못 알아들을 때도 그런 감정은 생긴다. 감정을 다스리는 기술이 필요하다. 나의 감정쯤은 내가 조절할 줄 알아야 그런 상황이 되어도 태연하게 넘어갈 수 있다.

부정적이고 단단하지 못한 마음을 가진 사람들은 특히 미운 감정을 잘 느끼고 오래 마음속에 담아 둔다. 미워하는 상대는 아무것도 모르는데 혼자 미워서 전전긍긍하는 경우도 있다. 마음이 여리고 착한 사람들도 미워하는 감정을 다스리지 못하고 힘들어한다.

사람이 살아가면서 사람들과의 관계와 나의 마음 알고 다스리는 일은 정말 어려운 숙제인 것 같다. 노력하고 애를 써야 하는 일이다. 쉽게 되지 않는다.

미워하는 감정이 생기지 않는 방법은 아마도 없지 않을까 싶다. 그러니 내 감정은 내가 알아서 다스리고 조절해야 하는 방법밖에 없다.

가족 중에 감정 조절이 안 되고 늘 화가 나 있는 사람이 있다. 평상시에 작은 일에도 화를 많이 내지만 진짜 크게 화가 나면 자신을 때리고 자해까지 한다. 옆에서 보고 있으면 눈빛이 무섭고 무슨 일이 일어날지 몰라서 두렵기까지 하다. 그렇게까지 화낼 일이 아닌 것 같은데 번번이 화를 낸다. 웃고 있는 순간이 없다. 다른 가족들은 살얼음 위를 걷는 것처럼 불안하다. 언제 어느 순간에 화가 날 줄 모르니 항상 눈치 보며 조심한다. 모든 면이 불안정하고 매사 불만인 이분은 그래서 늘 아프다. 항상 화가 나 있으니 일단 머리가 아프고 정신도 아프고 온몸은 무기력하다. 화를 낼 때마다 주변에 있는 뭔가를 집어 던지고 가족에게 욕을 한다. 그러고 나면 무기력하게 누워 지낸다. 악순환이 반복된다.

한 번은 아직 화가 나지 않은 평온한 순간에 물어보았다. 왜 그렇게 화가 나냐고. 답은 뻔했지만 혹시나 해서 물었다. 그런데 자기는 화낸 적 없단다. 그냥 말을 한 것이라고 한다.

기가 막히고 어이가 없었다. 두 번 다시 보지 않을 방법을 찾고 또 찾았다. 왜냐하면 아무리 가족이라도 이렇게 늘 화를 내는 사람은 힘들다. 아무리 사랑하는 가족이라도 그렇게 불안정하고 불안하게 하는 사람은 싫어지는 것이 당연하다. 그런 관계는 무슨 핑계를 대서라도 피하고 싶고 도망치고 싶다. 너무 싫어서 몸서리가 쳐졌다. 고스란히 다 받아주는 가족들이 안타까웠다. 오히려 어느 순간은 그런 생각이 들었다. 가족이라고 다 받아주고 당해주니 믿고 더 그러는 건 아닐까 하는 생각이다.

나는 매일 화를 내는 그 사람이 너무 싫고 미웠다. 가족을 불안에 떨게 하고 자기 마음대로인 그 사람이 없어졌으면 좋겠다는 생각도 했다. 그렇게 사람을 미워하니 내 마음은 더 힘들고 지옥 같았다.

사람을 미워하는 일은 나 스스로를 지옥으로 끌고 들어가는 일이다. 내 마음이 지옥으로 끌려갔으니 좋은 말이 나올 리 없다. 좋은 마음이 생길 리도 없다. 그냥 다 싫어진다.

내가 그 사람을 미워하는 이유는 자기 자신의 감정을 통제하지 못하고 가족을 힘들게 하는 것이다. 가족을 전혀 배려하지 않고 무조건 자기에게 맞추기를 바라는 이기적인 마음 씀씀이가 미운 것이다. 정신적으로 문제가 있지 않고서는 저럴 리가 없다고 생각도 했었는데 가족이 아닌 다른 사람들에게는 친절하게 대하고 아무 문제가 없으니 분명 정신적인 것이 아닌 마음의 문제가 틀림없다. 사람 봐가면서 선택적 화내기를 하는 것인가 싶기도 하다.

나도 그 사람을 그냥 인정하고 더 이상 미워하지 않으면 되는데 볼 때마다 미워지니 난감하다. 내 마음 편하려고 되도록 부딪히지 않으려 피해서 다녀야 했다. 나이가 들어갈수록 화내는 횟수와 강도가 줄어드는 것 같아 다행이란 생각도 든다. 화낼 때마다 힘도 들고 에너지 소비가 많다 보니 그런 것 같다.

몸이 아파서 사경을 헤매는 사람도 있고, 어쩔 수 없는 사정으로 고통 속에 사는 사람들도 많다. 그런 사람들도 하루하루 최선을 다해 살고 있는데 사지가 멀쩡한 사람이 남을 괴롭게 하고 남에게 미움받으면서 살 이유가 도대체 어디 있겠는가.

사랑하고 사랑받으며 살아도 시간이 부족하고 돌아보면 아쉬운 순간들이 많은 것이 인생이다. 아무리 매 순간 잘 살아도 인생의 끝자락에서 보면 후회로 가득한 시간들이 있어 안타까운 것이 사람의 인생이 아니던가.

존경받거나 칭찬받지는 못하더라도 미움은 받지 않는 사람으로 살아야 하지 않을까. 가족을 괴롭혀가면서 미움받고, 제일 편해야 하는 가족들이 피해 다니는 사람으로 살지는 않아야 한다고 본다. 미워하는 마음은 부정적인 감정이라 누구에게도 다 힘들다.

자기 자신의 이익만 챙기고 자신의 감정만 중요하게 생각하는 지인이 있다. 함께 있을 때 나에게 상처가 되는 말을 해도 농담이라 생각하고 대수롭지 않게 넘겼다. 번번이 그런 말과 행동을 해도 웬만해서 상처로 받아들이지 않는 나는 쿨하게 넘기곤 했다.

그런데 자기에게 하는 농담은 조금만 기분이 나빠도 기분 나쁜 티를 내고 화를 내기도 했다. 그래도 뭐 매일 만나는 사이도 아니고 만날 기회가 되면 상대가 기분 나쁜 말은 하지 않으면 되니 예사로 생각했다.

어느 날 그 지인이랑 친구 사이인 분이 전화가 와서 나에게 진지하게 고민을 털어놓는데 나는 사실 좀 큰 충격을 받았다. 그 지인은 나하고 있었던 일을 사람들에게 다 말하고 다닌다고 한다. 직업이 영업이라 많은 사람을 만나는데 만나는 사람마다 얼굴도 모르는 나에 대한 말들을 한다고 한다. 웬만한 사람은 나를 다 안다고 한다.

처음 듣는 말이고 가만 생각해보면 정말 소름 돋도록 싫은 일이다. 그냥 아는 사람이라고 하는 것도 아니고 이름도 다 말해서 그 지인의 고객들은 나는 모르지만 나를 많이 알고 있다고 한다. 황당하고 기가 막혔다.

나를 영업에 이용하고 그런 것은 상관이 없는데 좋은 말만 했겠는가. 나의 단점이나 혹은 특이한 점 등 남에게 드러내고 싶지 않은 것들을 말하지 않았겠는가. 지금까지 내가 봐 온 그 사람은 다른 사람을 좋게 말하지 않았다는 생각이 들고 보니 나도 화가 난다. 그 친구분도 나와 똑같은 상황이라 속상한 마음에 나에게 전화해서 하소연한 것이다.

그 말을 듣고 그 친구분에게 속상해하지 말고 앞으로 더 상처받지 않으려면 적당히 거리를 두자고 하면서 서로를 위로했다. 황당하고 화는 나지만 그 사람을 미워하는 마음이 들면 내 마음이 더 힘들어지니 이쯤에서 잊고 앞으로는 적당한 거리두기를 하는 것이 바른 결정인 것 같았다. 따지고 화내 봐야 서로 상처만 더 된다.

사람을 미워하지 않고 살 수는 없다. 그러나 어떤 이유로든 미워지는 마음을 잘 다스려서 지옥으로 향하는 내 마음을 건져 올려야 한다. 내가 그 사람을 미워하는 이유를 정확하게 알고 대처하면 미워하는 마음을 컨트롤할 수 있다. 사랑하지는 못할지언정 미워하지는 말고 살아야 하지 않겠는가. 이기적이고 배려심 없고 자신의 이익만 챙기는 사람이라도 미워하지 않고 살아갈 방법은 얼마든지 있다.

가족에게 평생 화만 내고 사는 사람이라도 미워하지 않고 사랑하며 살아갈 이유도 있다. 내가 그 사람을 미워하는 이유를 정확히 알고 그 미움의 원인을 잘 해결하면 된다. 결국은 다 내가 알아서 해야 하고, 결국은 다 내 마음이 중요하다. 왜냐하면 내가 이 세상의 중심이고, 내 마음의 주인이므로.

03

외롭지만 혼자가 좋아

'햇빛을 보고 서면 그림자는 뒤에 있다'라는 말이 있다. 지난날인 그림자를 돌아보지 말고 앞에 있는 햇빛을 보고 앞으로 걸어가라는 말이다. 지금 나에게 딱 필요한 말이다. 현실 도피라면 도피인 책 쓰기를 하는데 방해꾼이 이만저만이 아니다. 현실의 무게를 잊으려고 사람들을 만나 왁자하게 술을 마시고 보낸 시간이 많았었다. 그러다 보니 자연스레 책을 쓰고 있는 오늘도 어제도 매일 같이 놀자는 사람들의 전화가 온다.

이제 나는 정신을 차리고 책을 쓰며 내 바뀐 인생의 방향대로 가야 하는데 자꾸 뒤에서 잡는다. 내 게으름이 잡고 내가 살아 온 삶의 패턴이 잡는다. 나는 입바른 소리도 잘하고 강할 것 같아도 사람들의 말에 거절을 못 한다. 단호하게 거절할 수 있어야 하는데 그게 잘 안된다. 거절을 못 하니 늘 몸이 괴롭다. 나는 왜 거절을 못 할까?

아마도 사람들과의 관계를 중요하게 생각하기 때문인 것 같다. 나 혼자만 생각한다면 오늘 피곤하다, 선약이 있다라는 핑계를 대면서라도 거절할 수 있을 텐데 그 사람들과의 관계를 좋게 이어가고 싶은 마음이 더 커서 거절하지 못하는 것 같다.

사람들과 좋은 관계를 맺고 산다는 것은 결코 쉬운 일이 아니다. 혼자 있는 것보다 더 외롭고 힘든 일이 어쩌면 여러 많은 사람들과 관계이다. 적게는 동네 친한 언니부터 많게는 큰 단체모임에 있는 사람들까지 다 잘 지내는 일은 나의 시간과 에너지를 많이 요하는 일이다. 그러다 보니 먹고 사는 일보다 더 많은 시간을 사람들과 만나는 시간에 할애하고 있다. 나는 왜 이렇게 바보같이 사람들과의 관계에 매달리고 있을까?

한두 번 거절하고 나면 더 이상 연락이 안 올 수도 있다. 그렇게 될까봐 거절을 못 하는 건가. 더 이상 연락이 오지 않고 혼자 외로운 시간을 보내게 될까 두려운 걸까. 꼭 그런 건 아닌 것 같은데 거절을 못 해서 힘든 날이 많았다. 물론 오늘도 마찬가지이다.

하루도 빠지는 날 없이 꽉 찬 저녁 약속 일정이 있지만 단 한팀에게도 거절을 못 한다. 이제 나는 한 번쯤 나를 돌아보고 생각해보게 된다. 외로운 것이 싫은 건가? 혼자인 것이 두려운 건가. 아니면 둘 다인가.

단호하게 거절하지 못하는 성격은 오히려 나에게도 상대에게도 독이 될 수도 있다. 거절을 못 하고 질질 끌려가는 것은 결국 외롭게 혼자 있는 시간을 견딜 수 없어서이기도 하다. 외롭지만 혼자만의 시간도 필요한 것인데 그 시간을 견디기 힘들어 자꾸 사람들 속으로 들어간다. 사람들 속에 있다고 나의 외로움이 쉽사리 없어지거나 갑자기 내 마음이 풍요로 가득 차지 않는데 이상하게 사람들 속에 있으면 안심이 된다. 한 사람 한 사람과의 관계를 다 좋게 할 수는 없는데 자꾸 욕심을 부린다.

꼭 모든 사람과 잘 지낼 필요는 없는데 그게 잘 안된다. 몸도 마음도 지치고 힘들어지지만 아랑곳없이 사람들 속으로 숨는다. 나의 외로움과 마주치기 싫어서 사람들 속으로 도망간다. 사람들과 좋은 관계가 나의 외로움을 없애준다고 착각하는 것 같다. 나의 외로움과 마주하고 나의 내면을 더 단단히 하여야 할 것 같다.

어린 시절 동네에서 함께 자란 친구들이 있다. 우리 동네에서는 남자친구가 8명, 여자친구가 나를 포함 4명이었다. 시골에서 들판을 뛰어다니며 총싸움도 하고 동네가 좁을 정도로 술래잡기도 하며 같이 어울려서 잘 놀았다.

초등학교 저학년까지는 여자친구들이 키가 더 컸다. 그래서 남자친구들을 골려 먹는 재미가 있었다. 점점 자라면서 남자친구들이 우리보다 더 커지니 노는 것이 좀 재미가 없어져서 여자친구들끼리만 놀았다.

여자친구들은 여자아이의 특성상 무리를 지어 노는 경우가 많다. 한 명은 좀 떨어진 곳에 살아 가까이 사는 우리 셋이 친하게 잘 지냈다. 그런데 셋은 성격이 달라도 너무 달라 잘 안 맞았다.

젊은 엄마의 첫째 딸인 친구 A는 늘 조심스럽고 위험한 짓은 안 했다. 놀다가도 때가 되면 집으로 돌아가는 모범생 친구였다. 동생들이 많아서 놀 때도 동생들을 줄줄이 달고 왔다. 바쁜 엄마를 대신해 동생들을 돌봐야 하니 어쩔 수 없다. 착하고 순하고 배려심도 많지만 친구로는 별로 재미가 없었다.

또 다른 친구인 B는 팔 남매의 막내라 부모님이 나이가 아주 많았다. 언니 오빠가 많으니 항상 기세가 등등하다. 그런 친구들과 노는 나는 딱 중간 정도였다. 부모님의 나이도 중간이고 형제자매 관계도 위로 오빠 둘에 여동생 하나밖에 없는 중간이었다. 나는 지금도 그렇지만 어릴 때부터 호기심이 많고 궁금한 것도 많은 아이였다. 그래서 이 친구들이랑 늘 뭔가 재미있는 꺼리를 찾아서 노는 걸 좋아했다. 그런데 전부 성격이 너무 다르다 보니 트러블이 많고 셋 중에 하나가 삐지는 일도 많았다.

제일 많이 삐져 있는 친구는 항상 나였다. 친구 A와 B의 집은 담장을 사이에 두고 가까이 있어서 둘이 나보다 더 친한 것 같았다. 나는 어린 나이에 질투가 많이 났다. 자기들끼리 나를 욕하는 것 같았고 자기들끼리만 잘 지내는 것 같았다. 그래서 더 심통을 부렸는지도 모르겠다. 아무튼 친구 셋이서 잘 지내기는 어려웠다. 그때 나는 어렸음에도 외롭지만 어쩌면 혼자가 더 편하고 낫다고 생각했다. 친구들과 잘 지내고 싶었지만 혼자 많이 외로웠다.

이후 중학교에 입학하니 많은 친구가 생겨서 더 이상 동네 친구들하고 어울리지 않아도 되었다. 초등학교 6개를 합친 중학교이니 친구가 많이 생겨 너무 좋았다. 그런데 친구들이 아무리 많고 좋아도 등하교를 함께 하는 동네 친구들만은 못 한 것 같았다. 내 맘 몰라주고 내 맘 같지 않은 나의 동네 친구들이 야속하고 밉기도 했었다. 친구들과의 관계가 어려우니 모든 일이 짜증 났다. 내가 욕심이 많아서 그런가 생각도 해보았다. 그런 건 아닌 것 같기도 한데 그냥 늘 마음이 허하고 외로웠다.

사람은 군중 속에 있어도 외롭다. 친구들 속에 있어도 외롭다. 누구나 언제든 외롭다. 사람이라는 존재는 원래부터 외로운 존재인 것 같다. 그래서 여러 사람 속으로 들어가지만 결국은 또 외로움을 느낀다. 그래서 관계를 중요하게 생각하고 이어가려고 노력하는 것 같다.어차피 외로운 것이 사람이지만 사람들과의 관계만 잘하고 살아도 덜 외롭고 덜 힘들다.

관계만 좋아져도 삶의 질이 달라진다. 사람들과의 관계가 어려워서 힘들어하는 사람들이 의외로 많다. 직장에서도 친구 사이에서도 특히 가족과의 관계는 말할 것도 없다. 태어나서 처음 만나는 가족이 인간관계의 첫 단추이다. 첫 단추부터 잘 끼우면 사회에 나와서도 그리 어렵지 않게 사람과의 관계를 잘 이어갈 수 있다. 관계의 단추를 하나씩 잘 끼워 나가다 보면 어느새 외로움도 작아지고 마음도 풍요로워질 것이다. 어린 시절 내가 친구 관계 때문에 힘들어하고 외로워한 것은 나의 관계의 기술이 아직 서툰 탓이었을 것이다. 끼울 단추를 아직 못 찾아서일 수도 있다.

우리가 사람들과의 관계 속에 살아간다고 해서 나를 잃어가면서까지 관계에 얽매일 필요는 없다. 일단 내가 있어야 다른 사람들이 있고 가족이 있고 사회가 있다.

나의 외로운 마음 먼저 들여다보고 다독여주고 더 이상 외로움으로 몸서리치지 않게 되었을 때 사람들과의 관계는 신경 쓰면 된다. 사람들과의 관계로 받는 마음의 위로가 나 혼자 있어도 해결되어야 한다. 남들 때문에 내가 흔들리지 않고 나를 중심으로 돌아가야 한다. 더 단단한 나를 만들고 더 풍요로운 내가 되어야 비로소 외로움으로부터 자유로워질 수 있다. 혼자 있어도 사람들 속에 있어도 외로움을 받아들이고 진정한 나를 들여다 보자.

좀 외로우며 어떤가. 혼자 있는 시간에 나를 더 위해주고 사랑해주는 것도 좋지 않을까. 외롭지만 혼자여도 좋은 내가 되어보아도 좋을 것 같다. 그러다 보면 더 강하고 더 괜찮은 나를 발견할 것이다.

04

스스로 내 마음을 잘 알고 있다고 착각하지 마라

나는 내 마음을 잘 알고 살아가고 있는가? "어떤 어려움이 닥쳐도 난 괜찮아! 다 이겨낼 수 있어"라고 생각하며 자신의 마음 따위는 들여다보지도 않고 살고 있지는 않은가. 타인으로부터 받은 상처는 깊이가 깊던 얕던 마음에 흠집을 낸다. 그러나 받은 상처를 인정하지 않고 묻어두면 나중에 더 큰 상처가 되어 폭발할 수도 있다.

살면서 한 번쯤 내 마음을 조용히 들여다보는 나만의 시간이 필요하다. 언제나 즐겁고 행복하여 상처 따위는 받지 않는다는 거짓말은 더 이상 하지 않아도 된다. 얼굴은 미소를 장착하고 있지만 마음 깊은 곳에서는 받은 상처들이 곪아 터지고 있을지도 모른다. 자신의 마음을 잘 들여다보고 다독이고 단단해져야만 사람들과의 관계도 건강해질 수 있다.

누구라도 말하면 다 알 수 있는 유명한 여자 연예인이 있었다. 20년의 결혼 생활을 접고 최근에 용기를 내어 이혼을 감행했다. 그녀의 딸과 함께 유명한 정신과 의사 선생님께 상담받는 예능 프로에 출연하는 기회가 생겨서 자신의 이야기를 담담히 풀어 놓았다.

처음엔 딸이 엄마에게 집착하는 내용으로 상담받았는데, 알고 보니 정신적으로 너무 피폐하고 번 아웃까지 겪고 있는 엄마가 걱정되어 딸이 집착 아닌 집착을 하고 있었다. 엄마는 잠이 안 와서 병원을 찾았다. 정신과에 가서 수면제를 처방받을 생각이었다. 의사 선생님께서 물었다. "요즘 무슨 힘든 일이나 스트레스 받는 일이 있었습니까?" 여자는 담담하게 대답했다. "아뇨!" 다시 의사 선생님께서 물었다. " 최근에 엄청난 일이 있었을 것 같은데…." 여자가 다시 답했다. "혹시, 이혼 말인가요?" 의사 선생님의 눈이 동그래졌다.

두 아이를 키우며 20년이나 한 결혼 생활인데 이혼하는 과정이나 아이들에게 미안해서 엄청 힘들었을 것이다. 그런데 아파하지 않고 힘들어하지 않고 남 보기에는 꿋꿋하게 웃으며 잘 극복한 사람처럼 굴고 있었다.

특히, 아이들 앞에서는 더더욱 괜찮은 척을 했다.

그러나 아이들이 모를 리가 없다. 엄마가 느끼는 고통이나 힘듦을 아이들도 고스란히 느낀다. 티를 안 내려고 했던 것이 아이들에게 더 걱정시키는 일이 되고 말았다. 상담해주시는 의사 선생님이 조언해주셨다. "괜찮은 척, 쿨한 척하지 마세요. 지금 괜찮지 않습니다. 마음껏 아파하고 우세요. 힘들다고 소리 지르세요. 아플 만큼 아파야 나아집니다." 여자는 그때서야 하염없는 눈물을 흘린다. 실컷 울지도 못하고 아이 눈치를 보며 운다. 아픔이 어느 정도는 치유될 수 있도록 실컷 울었으면 하는 개인적인 바람이었다.

그 장면을 보고 나는 나 자신을 다시 들여다보았다. 그 여자에 나를 비춰보았다. 내가 보였다. 그 의사 선생님의 말씀은 어쩌면 나에게 말하는 것 같았다. 나도 실컷 울고 토해내고 싶었다. 내 말을 들어줄 따뜻한 마음을 가진 선생님이 계시면 좋겠다고 생각했다. 한 편으로는 지금 울면 쓰러질 것 같다는 생각하며 마음을 다잡았다. 나도 남들이 보기에는 정말 밝고 명랑한 성격이다. 어떤 친구는 행복 지수가 100%인 것 같다고 말했다. 보는 사람마다 밝고 긍정적인 에너지라 걱정은 없을 것 같다고 말한다. 나를 보면 자동으로 즐거워진다고 말해주시는 분도 많다. 그런 말을 많이 들어서인지 남들 앞에서는 우울해하지 않는다. 슬프거나 힘든 얼굴도 하지 않는다.

땅속으로 꺼져 들어가는 듯한 상황이라도 나도 모르게 사람들을 만나면 웃는다. 바보 같으리만치 나의 힘듦을 드러내지 않는다. 나의 현재 상황이나 어려움이 드러나는 것은 자존심이 허락하지 않는다. 그래서 첫 번째 책을 쓸 때는 정말 많은 용기가 필요했다. 용기를 내어 드러내고 보니 오히려 속이 시원했다.

많은 사람들의 응원과 격려를 받아 마음에 응어리졌던 상처가 치유되는 경험도 했다. 독하게 마음먹으니 나의 상처에 약이 되어 돌아왔다.

누군가에 빗대지 않더라도 자신을 한 번씩 돌아볼 필요는 있다. 살아가면서 받는 엄청난 양의 스트레스와 사람들에게서 받는 상처가 마음에 켜켜이 쌓여 나를 망치고 있을 수 있기 때문이다. 나는 내 마음을 다 알고 있다고 착각하고 있지는 않은지 점검해야 한다. 필요하다면 상처와 스트레스를 꺼내서 치유해야 한다. 건강하고 행복한 마음 상태로 살아도 힘든 세상살이인데 아프고 힘든 상태로 살다 보면 언젠가 번 아웃이 오고 만다.

스스로를 잘 안다고 판단하지 말고 자신의 마음을 들여다보고 치유하여 누구에게도 상처받지 않고 씩씩하게 살아갈 수 있는 사람으로 거듭나야 한다. 그렇게 하지 못하고 있는 바보 같은 나에게도 해주고 싶은 말이다.

한 번 진짜 두 시간을 운 기억이 있다. 뼛속 저 깊은 곳에 있는 아픔까지 다 토해내는 경험이었다. 다른 날과 다름없이 친구들과 저녁을 먹고 노래방을 갔다. 아이들을 집에 두고 동네에서 놀고 있는 날이라 일찍 들어갈 요량으로 늘 가는 단골 동네 노래방에를 갔다.

들어가서 노래 한 곡을 했는데 그 순간부터 이상하게 눈물샘이 터져버렸다. 친구들이 처음엔 의아해하며 무슨 일이냐며 물었다. 말을 할 수가 없었다. 꺼이꺼이 정말 미친 여자처럼 울었다. 나중엔 친구들도 포기하고 울도록 내버려두었다. 1시간 안에는 지쳐서라도 그치겠지 했다. 그런데 두 시간이 다 되도록 한결같이 꺼이꺼이 울었다. 내가 울고 싶어서 운 것이 아니다. 그냥 그렇게 울어졌다. 친구들이 노래 부르고 놀아주니 내가 울어도 표가 안 났다. 그래서 더 큰 소리로 울었다.

처음으로 경험한 일이었다. 실컷 울고 나니 그렇게 시원할 수가 없었다. 어딘지는 정확히 모르겠지만 어딘가가 뻥 뚫린 것 같았다. 그 긴 시간을 울었는데도 지치지 않았다. 노래방을 나오는 길에는 깡총거리며 뛰어나왔다. 그 한 번의 눈물샘 터짐이 나를 다시 살게 하는 힘이 되었다.

지나고 생각해보니 그날의 일로 내 마음에 쌓여 있던 상처와 고됨이 다 날아간 것 같았다.지난 날의 힘듦과 고난이 어린 나에게 과부하가 걸렸던 모양이다.

잘 버티고 있다고 생각했는데 혼자 하는 독박 육아의 어려움과 살림과 경제적인 모든 일이 더 이상 버티기 힘들 정도의 경지까지 왔었나 보다. 그러다 보니 어느 순간 편한 자리에서 눈물샘이 터졌었나 보다. 그날의 그 개운함과 시원함은 말로 다 표현을 못 한다.

살면서 한 번씩 그 순간이 떠오르는 날이 있다. 너무 쌓이고 힘들면 언제라도 누구라도 붙들고 꺼이꺼이 울고 싶었다. 아직은 잘 참고 있는데 곧 한 번 노래방을 찾아가야 되지 싶다. 혼자서라도 내 마음 깊은 곳에 있는 응어리를 풀고 내 마음을 알아주고 달래주어야 하지 싶다. 누구에게 라도 자신을 들여다보는 소중한 시간이 필요하다.

사람들과의 관계에서도 이런 속 시원한 어떤 계기가 있으면 관계가 더 돈독해지는 사이가 될 수 있다. 뭔가 찝찝한 일이 있다면 터놓고 물어보고 나의 마음도 털어놓는 솔직함이 더 좋은 관계를 이어주는 계기가 될 수 있다.

사람들과의 관계를 어렵다고만 생각하지 말고 솔직하게 나의 마음을 전하면 상대방도 진심은 알아본다. 내가 너무 싫어하는 사람이라고 해도 꼭 나쁘게 지낼 필요는 없다. 내 마음이 탈 없이 건강하고 내면이 단단하면 사람들과의 관계도 어렵지 않다. 쉽게 생각하면 쉬운 것이 또 사람과의 관계이다.

모든 문제는 나로부터 발생하고 나로 인해 해결된다. 내가 제일 중요하다는 말이다. 그러므로 내 마음에 다친 상처가 있다면 하루라도 빨리 해결하고 더 좋은 관계를 만들 수 있어야 한다. 스스로 내 마음 다 알고 있다고 착각하고 있지는 않은지 자신의 마음을 체크해보고 내 마음부터 들여다보자.

내 마음이 다른 사람들의 마음보다 열 배 백 배 소중하다. 다른 사람들의 마음 신경 쓰느라 내 마음을 방치하면 나중에는 결국 한꺼번에 터지게 되어 있다. 관계에서 오는 그 어떤 스트레스도 내 마음만 잘 알고 있으면 쉽게 해결할 수 있다.

한 번씩 자신을 가만히 들여다보고 이토록 소중한 내 마음 먼저 챙기

자. 스스로 자신의 마음을 잘 알고 있다고 착각하지 말고, 진실로 아프거나 상처받은 자신의 마음을 잘 알고 있어야 한다.

05

힘들 때 사람에게 기대면 안 되는 이유

내가 먼저 좋은 사람이 되면 저절로 좋은 사람이 눈에 보인다. 사람은 사회적 동물이다 보니 사람들과의 관계 속에서 살아간다. 사람들과 함께 살아가는 삶을 피할 수는 없다.

피할 수 없다면 내가 좋은 사람이 되어 좋은 사람들과 만나면 된다. 그런데 그런 일이 말처럼 쉽다면 누가 걱정이겠는가. 사람이 꽃보다 아름답다고 하는 노래 가사도 있지만 꼭 사람이 다 그런 건 아니다.

사람들은 각양각색 다 다르다. 그러다 보니 서로 맞추어 사는 것이 보통 힘든 일이 아니다. 그럼에도 사람은 누구라도 나와 맞는 사람을 찾고 싶다. 원래 외로운 존재가 사람이다 보니 내 마음 알아주는 편한 친구 같은 관계를 갈망한다. 마음의 친구를 찾고 싶다.

좋은 사람이 되는 것은 쉬운 일이 아니다. 그러니 좋은 사람들을 만나는 것은 더욱 쉬운 일이 아니다. 살다 보면 사람으로 받는 위로와 위안이 얼마나 큰 힘이 되는지 모른다. 사람 때문에 살고, 사람 때문에 힘들다. 사람으로 상처받고, 또 사람으로 위로받는다. 결국은 다 사람들과의 관계이다.

사회에 나와서 만난 동갑인 친구가 있다. 성격도 비슷하고 밝아서 나랑은 잘 통한다. 어떤 날에는 서로 오해로 말 안 하고 지낸 날도 있다. 어떤 날은 질투로, 어떤 날은 부러움으로, 어떤 날은 안타까움으로 서로를 챙기면서 욕하면서 같이 살아간다.

한참 연락이 없다가도 전화하면 어제 만난 사이처럼 웃고 떠들고 장난한다. 그런 친구가 있어서 참 좋다. 마음이 순수하고 진심으로 상대를 대하다 보니 처음에는 오해도 많았다. 둘이는 싸워도 돌아서서 바로 화해한다. 말은 절교하자고 하면서 행동은 서로를 챙긴다.

이런 친구가 내 옆에 늘 있다는 것은 참 고마운 일이다. 문제는 남편들이다. 우리끼리는 잘 지내는데 남편들은 사이가 별로다. 그러다 보니 우리끼리 놀면 눈치가 좀 보인다. 눈치 보며 놀 나이는 아니지만 신경이 쓰이는 건 사실이다.

우리가 한참 사업이 어려워져서 지옥을 왔다 갔다 하고 있을 때도 다른 사람들한테서 들어서 알고 있을 텐데 아무것도 묻지 않고 평상시처럼 대해주었다. 참 고마웠다.

나는 그냥 고맙게만 생각하고 나의 어려움 같은 건 입 밖에도 꺼내지 않았다. 내 눈치를 살피며 조심하는 친구에게는 미안했지만 나의 힘듦을 굳이 친구에게까지 말해서 걱정 끼치고 싶지 않은 마음이었다. 그런데 시간이 지날수록 친구는 섭섭해했다. 웬만한 사람들은 들어서 다 아는데 나한테는 왜 말을 안 하냐고 서운하다고 한다. 다 말하고 기대어 울고 싶은 순간도 있었지만 나는 그러지 않기로 했다. 이 친구에게 그렇게 마음을 풀고 무너지면 나 자신이 너무 나약해지고 흔들릴 것 같아서이다. 나는 이대로 이렇게 무너지기 싫었다.

상황이 해결되고 내 현실이 나아지고 나서 웃으며 얘기하고 싶었다. 나는 씁쓸하게 웃으며 좀 있다가 네가 안 물어도 다 말하겠다고 했다. 그러라고 하며 잘 싸워서 이기고 돌아오라고 한다. 나에게도 그 정도 돈은 있지만 맥주값은 거의 친구가 계산했다. 돈을 떠나서 마음 써주는 것이 고마웠다.

전화해서 시시덕거리고 농담이라도 하면 걱정하기보다는 오히려 자기가 더 까불었다. 내가 좋은 사람이라 저런 좋은 친구를 만난 것인가. 아니면 좋은 사람인 저 친구의 눈에 내가 띄인 것인가. 아무튼 사람으로 상처받고 사람으로 위로받는 것은 확실한 것 같다. 내가 힘들 때 힘들다고 징징거리며 친구에게 이런저런 사연을 털어놓고 무너졌다면 그 친구는 오히려 나에게 크게 실망했을 것이다. 내 감정에 북받쳐서 남을 욕했을 수도 있다. 나만 피해자인 척 힘든 척해서 친구 마음을 아프게 했을 것이다. 아무리 허물없이 친하지만 그런 건 좀 아닌 것 같았다. 지금 와서 돌이켜 보면 사실 나의 속마음은 자존심 문제였을 수도 있다. 아무 탈 없이 잘 사는 친구와 달리 나의 인생은 롤러코스터를 타고 있으니 살짝 자존심이 상해서 참고 있었던 것 같기도 하다.

지금 당장이라도 언제라도 나의 편이 되어주는 친구가 오늘따라 더 생각난다. 좋아하는 커피를 사 들고 찾아가 봐야겠다. 나도 친구에게 좋은 친구가 되어주기 위한 노력을 할 것이다. 그래야만 서로 앞으로도 좋은 관계로 살아갈 것이기 때문이다.

살다가 힘들 때 사람에게 기대면 안 되는 이유는 무엇일까? 이유야 여러 가지가 있겠지만 먼저 사람에 대한 실망감이 아닐까 한다. 기대의 크기만큼 실망도 큰 것이 사람이다. 특히 힘들 때는 더욱 사람에게 기대면 안 된다. 오히려 더 힘들어진다. 가장 가까운 사람이 제일 실망스럽다. 가까운 사람에 대한 기대치가 높으니 실망도 크다.

나는 결혼하고 나서 제일 실망했다. 신혼 초에는 진짜 매일 실망의 연속이었다. 나만 그런지 모르겠는데 나는 매일 생각했다. 내가 알던 그 남자가 맞는가. 저 남자랑 계속 살아도 될 것인가. 내 남은 인생을 어떻게 살아야 할 것인가. 시댁 식구들로부터 나를 지켜주지 못하고 본인은 더 아이처럼 굴어대니 정말 실망이었다.

시골에서 학교 졸업하고 도시로 나와서 겨우 사회생활을 하던 어리바리 철부지가 나였다. 큰오빠처럼 따뜻하게 잘 챙겨주고 잘해주길래 반대하는데도 고집부려서 결혼했다. 그런데 결혼하고 나니 다른 남자가 됐다. 물론 남편도 어렸으니 멋모르고 그랬겠지만 나의 실망은 이만저만이 아니었다. 성격도 이상했다. 나한테 왜 그렇게 화를 내는지 이유도 모르고 어리둥절한 적이 한두 번이 아니다. 나는 이해하지 못할 남편의 성격 때문에 놀라기도 했고 무개념 시댁 식구들 때문에 실망했다. 좌충우돌 나의 결혼 생활은 정말 엉망이었다.

아직 어린 나이라 둘 다 돈 없이 결혼했으니 경제적으로도 힘들었다. 돈도 벌어야 하고 아이도 키워야 했는데 이상하게 변해가는 남편의 성격도 나를 힘들게 했다. 에어컨도 없는 한여름에 첫아이를 낳고는 너무 힘들었다. 그런데 코 골고 잠자는 남편이 너무 미웠다. 물론 본인도 더운 날 일하고 하니 힘들었겠지만 나는 너무 서운하고 눈물 났다. 산후 우울증이 뭔지도 몰랐던 어린 나이였다. 책으로 육아와 출산을 배우던 시절이었다.

그렇게 마음은 서럽고 몸은 아프고 죽고 싶을 만큼 고통스러운 복잡한 감정이 산후 우울증이라는 걸 아이들 다 키워놓고 나중에야 알았다. 그때 나는 이미 알았다. 너무 남편을 믿고 기대면 안 되겠다고 생각했다.

살면서 남편이 나를 실망시킬 때마다 그때가 생각났다. 나는 믿지 않기로 했는데도 바보같이 자꾸 믿고 실망하고를 반복하고 있었다. 망각의 동물이라 그런지 까먹고 또 기대한다. 생일이나 결혼기념일을 기억하지 못하는 건 실망하는 수준에도 못 들어온다. 가족에게 관심이 없는 것은 아닌데 어찌 그렇게 무심한지 한 번을 제대로 못 챙긴다. 이제 그런 일은 포기한 지 오래라 실망할 일도 아니다. 나 혼자 계속 챙기다가 이제는 나도 포기 상태다. 그냥 건강하게 살아 주는 것만으로도 고맙게 생각하기로 했다.

힘들 때마다 사람에게 기대지 않고 나를 더 강하게 단련해야 한다. 나의 마음과 정신이 강하게 잘 단련되어 있으면 어떤 어려움이나 힘든 일이 생겨도 누구의 도움 없이도 헤쳐 나갈 수 있다. 나의 마음이 단단하고 강하면 누구에게도 상처받지 않는다.

상처 주는 말에도 끄덕 없이 잘 견뎌 낼 수 있다. 사람들과의 관계를 이어가는 것도 중요하지만 이 세상에서 제일 중요한 사람은 나 자신이다. 나의 내면을 단단히 하고 남의 시선보다는 나에게 집중해야 한다. 나의 마음을 들여다보고 나를 더 아껴주고 나를 더 사랑하자. 나를 더 칭찬하고 응원하여야 한다. 그래야 나의 자존감이 올라간다. 나를 힘들게 하는 모든 것으로부터 자유로워지려면 누구에게도 기대지 말고 오늘 더 나를 뜨겁게 사랑하자.

06

나 빼고 다 잘 지내는 것 같다

"당신의 실패가 당신을 정의하게 두지 마라" 미국의 전 대통령인 버락 오바마가 한 말이다. 오바마 대통령도 미국 최초의 흑인 대통령이 되기까지는 많은 시련과 실패가 있었을 것이다. 실패했을 때 주저앉지 말고 다시 일어서서 성공하여 실패자가 아닌 성공자의 이름으로 살라는 말인 것 같다. 멋진 말이다.

수많은 실패와 관련된 명언이나 문구들을 보면 실패는 좋게 표현되어 있다. 많은 실패를 딛고 이겨낸 사람들의 말이라 설득력이 있다. 하지만 막상 실패라는 걸 하고 보면 정말 힘들다. 저런 멋진 말을 할 수가 없다.

한 번이라도 해본 사람은 그 실패를 딛고 일어서는 것이 얼마나 뼈를 깎는 고통이고 힘든 여정인지 알 것이다.

정말 다른 사람들은 나 빼고 다 잘 지내는 것 같다는 생각이 많이 드는 요즘이다. 한 번의 실패가 우리 가족이나 나에게 미치는 파급력은 생각보다 엄청나다. 각오하고 있었지만 막상 현실이 되고 보면 만만치가 않다. 웬만큼 강한 멘탈이라 자부하지만 힘에 부치는 것은 어쩔 수가 없다. 그래도 힘을 내보려고 매일 의식을 단단히 하는 책을 읽고 유튜브 동영상을 시청한다.

여러 사람의 동영상을 시청하지만 내가 특히 좋아하는 영상은 〈한책협〉의 김태광 대표님의 영상이다. 김 대표님의 의식에 관한 영상은 너무 진심이라 감동이 느껴진다.

〈한국책쓰기강사양성협회〉의 줄임말인 〈한책협〉의 김 대표님은 우리나라에서는 책 쓰기 분야에서는 독보적인 존재다. 저서로는 『내가 100억 부자가 된 7가지 비밀』, 『더 세븐 시크릿』 등 25년간 300여 권의 책을 집필하셨고 12년간 1,100여 명의 작가를 배출하셨다.

책 쓰기 출판 가이드 시스템 특허도 보유하고 계신 우리나라에서는 전무후무하신 대단한 분이다. 이렇게 대단한 분을 스승님으로 모신 것은 나에게는 축복이고 기회이다. 김 대표님의 영상을 보며 마음을 다지고 의식을 바꾸면서 하루하루를 살아가고 있다.

김 대표님의 권유로 책을 쓰고 작가가 되었다. 나의 이야기를 책에 써 보라고 하셨다. 딱 죽고 싶을 만큼 힘들 때 대표님을 만났는데 책을 써보라고 하니 처음엔 황당했다.

그러나 죽을 수는 없으니 시키는 대로 따라 해보았다. 그런데 정말 내가 책을 쓰고 있었다. 책 속에 나의 살아온 이야기를 쓰고 있었다. 참 신기하고 이상한 경험이었다. 온종일 책에 쓸 내용만 생각하는 나날들의 연속이었다.

나중에 성공해서 자서전처럼 살아온 이야기를 책으로 쓰고 싶다는 생각은 누구라도 한 번쯤 해 봤을 것이다. 그러나 이렇게 죽고 싶을 만큼 삶으로부터 도망치고 싶을 때 책을 쓰라고 하신다. 머릿속은 복잡하고, 가슴은 뛰고, 현실은 눈물 나고, 매일 정신이 없었다.

그렇게 나의 첫 책이 세상에 나왔을 때는 믿어지지 않았다. 그런데 베스트셀러까지 올랐다. 그 감격, 그 감동은 말로 설명할 수가 없다. 꿈인지 생시인지 매일 구름 위를 걷는 기분이었다. 아침에 일어나면 오늘은 몇 위를 했는지 너무 궁금해서 눈을 뜨자마자 도서 사이트부터 열어보는 것이 일이었다. 너무 행복했다.

한동안은 내 책을 읽은 사람들의 칭찬에 몸 둘 바를 몰랐다. 어떤 이는 눈물이 났다고 한다. 어떤 이는 술술 잘 읽어지게 잘 썼다고 한다. 또 어떤 이는 그럼에도 불구하고 씩씩한 나를 한 번 안아주고 싶다고도 한다. 실제로 많은 사람이 나를 보자마자 안아주었다.

나를 세상에 드러낸 용기를 칭찬해주었다. 말로는 해도 글로 표현한다는 건 어려운데 말하듯이 글을 써서 읽기 편했다고도 한다. 책에 등장한 인물들의 전화도 받았다. '그때는 그런 줄 몰랐는데 지나고 보니 그런 거였네.' 한다. 책을 내고 받은 칭찬은 다시 나에게 힘을 준다. 앞으로는 더 잘 살아야겠다는 생각을 많이 하게 되었다.

훌륭한 스승님을 만나 나는 다시 꿈을 꾸고 지금까지와는 다른 방향으로 삶의 키를 돌렸다.

얼마 전까지 나는 정말 너무 힘든 현실이 싫어서 극단적인 생각도 많이 했다. 돈 때문에 힘든 부분이 반이고 사람 때문에 힘든 부분이 반이었다. 사람들은 본인들이 한 결정임에도 우리 탓을 했다. 물론 기대가 컸었던 사업이 뜻하지 않은 난관을 만나 힘들게 되었지만 더 잘해보고 싶은 마음은 우리가 제일 간절했다. 우리를 믿고 투자해준 사람들에게 크게 보답도 하고 싶었다. 보란 듯이 성공하고 싶은 마음이 우리만큼 절실한 사람이 있었겠는가.

안 그래도 힘들게 이어가던 사업이 코로나로 더 힘들어지고 그 결과로 거액의 빚만 고스란히 우리가 떠안게 되었다. 기가 막혔다. 매일이 지옥이었다.

물론 다 갚을 것이다. 갚을 자신도 있다. 그런데 사람들이 우리가 돈이 있고 크게 사업을 벌일 때는 그렇게 친한 척하고 잘하더니 사정이 이렇게 되고 보니 돈타령만 한다. 자격지심인지 몰라도 눈치가 많이 보인다. 예전처럼 편하게 대하기가 어렵다.

참 실망스러운 사람들이 주변에 많다. 그것도 모르고 우리는 어떻게든 우리가 좀 손해보면 된다 생각하며 잘해주었다. 주변에 있는 사람들이 다 우리 마음 같은 줄 알고 이런 말 저런 말 시시콜콜하며 살아온 세월이 후회된다. 돈도 사람도 다 싫었다.

이유는 다양하겠지만 사람들에 대한 실망이 크고 현실이 절망적이었다. 나에게 닥친 시련이 너무 커서 주변을 둘러볼 여유도 없었다. 그냥 도망가고 싶었다. 그래도 자존심은 있어서 얼굴은 웃고 있었다. 물론 나의 처지를 다른 가족이나 대부분의 사람은 몰랐지만 가장 잘 아는 사람들의 실망스러움은 이만저만이 아니었다. 아니 오히려 그 사람들 때문에 오기가 생겨 다시 일어났는지도 모르지만 앞으로 좋은 관계를 이어가는 것은 어렵지 않을까 생각한다.

마음먹기에 따라서 인생의 방향이 한순간에 바뀌니 한 치 앞을 알 수 없는 것이 인생이란 말이 맞는 것 같다. 얼마 전까지는 절망으로 울고 있다가 지금은 희망으로 설레고 있다. 앞으로 펼쳐질 인생이 기대된다. 마음 같아서는 나를 힘들게 하는 현실도 곧 해결될 것 같다. 다시 긍정의 힘을 믿어본다. 김 대표님은 영상에서 항상 말씀하신다. 의식을 바꾸면 인생이 달라진다고, 의식이 모든 것이라고, 이 세상 모든 것은 나를 중심을 돌고 있다고.

다른 사람들은 다 평범하게 무탈하게 잘살고 있는 것 같은데 나만 이렇게 힘들게 사는 것 같은 생각이 문득문득 들었었다. 아니 아주 자주 많이 그런 생각을 했었다. 분명 그렇지 않을 것이다.

각자가 본인만의 말 못할 사연이 있고 본인만이 느끼는 인생의 무게가 있을 것이다. 그런데 내 눈에는 나만 빼고 다 잘 사는 것 같았다. 나만 빼고 다 행복한 것 같았다. 다들 걱정 없이 잘 지내는 것 같았다. 그러나 이제는 그런 생각을 안 하기로 했다. 남과 비교하면 끝이 없다. 우주는 나를 중심으로 돌고 있으니 내가 주인공이다. 누구와도 비교할 필요가 없다.

우리의 인간관계도 마찬가지다. 상대방 때문에 힘들어하는 것은 바보 같은 짓이다. 내가 우선이고 나를 중심으로 생각을 바꾸어보자. 다른 사람들의 말이나 행동 때문에 힘들어하지 말고 나의 생각과 의식을 바꾸면 좀 의연해지고 마음의 여유가 생긴다.

세상에 어떤 사람이 나를 괴롭히고 싶어서 나와의 관계를 이어가겠는가. 나와 잘 지내고 싶고 서로 도움과 위로가 되어 함께 살아가고 싶을 것이다. 생각을 바꾸니 세상과 사람을 보는 눈이 달라지는 것 같다. 나의 의식이 그만큼 중요하다.

모든 일은 나의 의식에서 비롯되는 것이니 나부터 바꾸고 나의 마음을 단단하게 하자. 그리하면 누가 무슨 말을 하든 어떤 행동을 하든 크게 신경 쓰이지 않고 스트레스도 덜 받을 것이다. 내가 남으로부터 받는 스트레스가 줄어들면 남들과의 관계도 좀 쉬워지고 편해지지 않을까. 관계가 쉬워지면 인생이 쉬워진다.

나만 빼고 다 잘 지내는 것 같지만 각자 자신만의 십자가의 무게가 있다. 무겁다고만 생각하면 무거워서 걸어가기가 힘들다. 조금 더 가볍게 생각하고 남들과 비교하지 말고 나만의 길을 걸어가다 보면 곧 아스팔트가 나타날 수도 있다.

나도 얼마든지 남들보다 잘 지낼 수 있다.

07

쉽게 상처받는 사람들의 함정

사람들은 누구나 사랑받고 사랑하며 행복하게 살고 싶어 한다. 물론 하는 일이 잘되고 돈도 잘 벌면 금상첨화겠다. 사랑받고 사는 사람들의 공통점은 자신감이 넘치고 긍정적이라는 것이다.

내가 만난, 사랑받고 사랑하며 행복한 가정을 이루고 사는 사람들은 대부분 좀 그런 편인 것 같다. 그런데 다 그렇게 산다면 무슨 재미가 있겠는가. 백인백색, 사람들은 다 저마다 다르게 살아간다. 늘 사랑이 넘치는 행복한 순간만 누리는 것도 아니다. 각자가 감정과 생각과 욕구가 다르니 분쟁이 일어나고 다툼이 생긴다. 당연지사다.

세상 어디에도 없을 사랑하는 가족 간에도 늘 분쟁이 생긴다. 나 자신보다 더 사랑하는 연인과도 사소한 오해와 다툼으로 이별하는 경우가 허다하다. 가족이나 연인 간에도 그러할진대 하물며 친구나 지인들과는 어떻겠는가?

작고 사소한 말 한마디가 크나큰 마음의 상처로 다가오는 경우도 많다. 그런데 사람들과 지내다 보면 너무 쉽게 상처받는 사람은 좀 부담스럽고 힘들다. 내 주변에는 나이와 성별을 떠나서 편하게 지내는 친구 같은 사람들이 많다. 그들 중 가끔 그냥 지나치는 말 한마디에 너무 쉽게 상처받는 사람들도 있다. 이렇게 쉽게 상처받는 사람들에게는 함정이 있다.

가볍게 맥주 한잔하는 친한 이웃이 있다. 어느 날 일로 도움을 많이 받아서 일 마치고 가볍게 저녁 겸 맥주 한잔하는 자리를 마련했다. 오늘은 우리가 도움을 받았지만, 평상시에는 우리가 그분에게 도움을 주는 관계다.

편하고 오래된 관계라 술자리가 무르익을 즈음에 내가 가볍게 한마디 던졌다. 소개해준 회사가 우리한테는 중요한 거래처이니 실수하지 말고 잘하라고 말이다. 그런데 내가 그 말을 하고 난 후 분위기가 엉망이 되었다. 나는 그냥 한 말인데 본인은 자존심이 많이 상했다고 난리를 쳤다. 본인이 얼마나 오랫동안 이 일을 해 왔고, 자부심을 느끼는지 일장 연설을 하기 시작했다. 좀 어이가 없었지만, 오늘 도움을 많이 받은 터라 참고 듣고 있었다.

계속 이어지는, 일에 대한 본인의 자랑 이야기에 지쳐서 한쪽 귀로만 들으며 가만히 생각해보았다. 도대체 저 사람은 왜 저렇게까지 자신의 일에 대한 이야기를 늘어놓을까? 그냥 알았다, 한마디면 될 텐데, 왜 저렇게 장황설을 늘어놓고 있을까? 눈알이 빠질까 봐 걱정될 정도로 눈에 힘을 주고 손발을 움직여 가며 길게 연설하는 그 사람을 보며 많은 생각이 들었다.

길고 긴 연설의 끝은 결국 본인이 잘할 수 있으니 안심하라는 말일 것이다. 나는 잘못 건드렸다 싶은 생각에 미안하다고 사과하며 그 사람의 일장 연설을 끊었지만, 마음은 편치 않았다.

집에 와서도 자존심을 건드렸다는 그 사람의 말 때문에 불편하고 미안한 마음이 들었다. 그 사람은 왜 그렇게 내 한마디를 듣기 힘들어했을까? 그 긴 연설은 마음에 상처를 입었다는 반증일 것이다.

그 사람은 법 없이도 살 수 있는 좋은 사람이다. 누구에게도 폐 끼치지 않는 착한 사람이다. 그러다 보니 본인의 가족을 위해서 혼자 희생하고 참는 사람이다. 요새 유행하는 말로 혼자 잘해주고 혼자 상처받는 사람이다.

혼자 잘해주고 혼자 상처받는 사람의 함정은 다른 이들이 그의 마음을 몰라준다는 것이다. 혼자 그렇게 사랑하고 배려하고 아껴주어도 그의 가족은 오히려 그 반대로 말한다. 나와 맥주 한잔하면서 하는 말들을 나는 한발 뒤에서 들어 주는 남이다. 그래서 나는 이해할 수 있지만, 막상 가족들은 잘 모를 수 있다. 가족들이 그 사람의 본마음을 알고 잘 지냈으면 하는 마음이다. 가족들의 지지와 격려만 있어도 그렇게까지 자존감이 바닥을 치진 않을 텐데. 좀 안타까운 마음이 들었다.

그건 또 본인의 성향이라 내가 일일이 간섭할 일은 아닌 것 같기도 하다. 나라도 잘해주면 좋았을 것이다. 그런데 믿고 있던 내가 자존심을 건드리는 말을 해버린 것이다. 나는 아주 작은 일이라고 생각했지만, 그에게는 크게 상처가 된 모양이다.

아무리 친해도 말을 조심해야겠다고 생각한 좋은 계기가 되었다. 하지만 다시 그분과 편하게 맥주 한잔하고 싶은 마음은 사라졌다. 그렇게 쉽게 상처받는 사람은 불편하고 힘들다. 일하며 먹고사는 것도 힘든 세상이다. 그런데 편하게 만나고 싶은 사람도 조심하고 어려워해야 한다면 그런 상황은 만들지 않는 것이 답이라는 생각이 든다.

개인마다 차이가 있고 성향이 있겠지만 쉽게 상처받는 사람은 보통 사람들이 말하는, 착한 사람들이 대부분이다. 나는 착한 사람보다 강한 사람이 좋다. 나도 한때는 너무 착한 사람이어서 힘들었기 때문이다.

시골에서 유년기를 보내고 돈을 벌러 도시로 나왔을 때는 너무 착한 내 성격 때문에 참 많이도 울었다. 어린 나이에 세상과 부대끼며 살려니 어려운 점이 이만저만이 아니었다. 시골에서 올라온 티를 팍팍 내며 사람들의 놀림거리가 되기도 했다. 직장에서는 왕따를 당하기도 했다. 어리고 촌티 나는 나를 감싸주는 사람은 없었다. 혼자서 씩씩하게 강해지는 법을 터득할 수밖에 없었다.

나는 블라우스와 와이셔츠를 만드는 공장에 다녔다. 다른 사람들이 쉬고 있는 점심 때면 제일 세 보이는 조장 언니가 하는 일을 연습했다. 일하는 시간에도 그 언니를 유심히 봐두었다. 조장 언니가 바쁘거나 아파서 못 나오는 날엔 내가 그 일을 하곤 했었다.

이러한 나의 노력이 나를 더 강한 사람으로 만들었다. 다른 친구들은 점심시간이면 아이스크림을 먹으며 놀곤 했다. 하지만 나는 그 시간에도 일을 습득하려 노력했다. 결국, 나는 그 친구들보다 더 많은 돈을 받고 더 빨리 승진도 했다. 물론 그 공장을 제일 먼저 나와서 더 좋은 데 취직한 사람도 나였다. 내가 울며 보낸 그 시간이 헛되지 않았던 셈이다. 그 후로도 나는 착한 사람 말고 강하고 세 보이는 사람이 되고 싶었다. 지금은 나름대로 강한 사람이 되어 누구의 말에도 쉽게 상처받지 않는다.

이 험한 세상에 어떻게 본인 좋은 말만, 칭찬만 듣고 살 수 있겠는가. 이런 말 저런 말, 이런 사람 저런 사람 다 그냥 인정하고 들어 주면 좀 살기가 편하지 않을까? 다른 사람들의 말을 그렇게 신경 쓰고 살다 보면 내 인생은 없을 것 같다. 다른 사람들이 살아 주지 않는 소중한 내 인생인데 왜 남의 말에 휘둘리며 힘들어하는가. 쉽게 상처받는 사람들의 함정은 착한 사람, 좋은 사람이라는 말을 듣고 싶어 하는 것이다. 꼭 좋은 사람이 아니어도 된다. 착한 사람이 아니어도 아무 문제가 없다. 그렇게 남에게 좋은 사람으로만 살다가는 마음에 병이 나서 건강하게 오래 살기 힘들다.

일일이 남의 말에 신경 쓰지 말고 진지하게 듣지도 말고 그냥 좀 흘려들어라. 그래도 아무 문제 없다. 마음이 좀 더 강한 사람이 되면 쉽게 상처받지 않고 힘들어하지 않을 수 있다. 남에게 맞추며 사는 내가 아니라 나에게 맞추며 사는 내가 되어 보자.

나의 마음 먼저 들여다보고 나의 내면을 더 단단히 하자. 더 이상은 쉽게 상처받지 않는 강한 사람으로 살아가려고 노력하자. 나를 지키고 나를 보호해줄 사람은 이 세상에 오직 나 자신뿐이다. 누구도 내 자존심 건드리지 않게 살아가려면 나 자신이 더 당당해질 필요가 있다.

HUMAN RELATIONS CLEAN UP!

2장

인간관계에도 가지치기가 필요하다

01

때로는 인생보다 관계가 더 힘들다

내가 사는 동네에서 그리 멀지 않은 곳에 오래된 사찰인 통도사가 있다. 가끔 마음이 힘들거나 시간이 나면 한 번씩 들러서 입구에 주차하고 걸어서 절까지 가는 길 '무풍한송로'를 걷곤 했다. 이름 그대로 소나무가 가득한 걸어가는 길이다. 한동안 못 오다가 오늘 시간이 나서 잠시 들러 보았다.

예전에는 친구들이랑 왁자하게 오거나 혼자와도 차에서 내리지 않고 그냥 앉아 있다가 가곤 했었다. 그런데 오늘 혼자 조용히 걸어 보니 예전과는 전혀 다른 길이었다. 너무 아름다운 길이었다. 오직 자연의 소리,

냄새, 바람, 공기, 소나무와 나의 발 자국 소리뿐이었다. 전혀 새로운 경험이었다.

신라시대 때부터 있던 고찰이라 웅장한 소나무와 오래된 목조 건물이 너무 아름다운 절인 통도사는 원체 유명하다. 그런데 나는 오늘 처음으로 작은 연못에 유영하고 있는 아름다운 금붕어와 잉어를 보았다. 오늘 처음으로 마당 가운데에 있는 3층 석탑도 보았다.

참 이상한 일이었다. 내가 통도사에 온 횟수는 숫자로 헤아릴 수 없을 만큼 많은데 그동안은 왜 저것들을 보지 못했던가. 금붕어뿐만 아니라 그 자리에 연못이 있는 줄도 몰랐다. 그렇게 오래되고 아름다운 석탑이 그 자리에 있는 줄도 몰랐다.

예사로 보고 다닌 탓도 있겠지만 가운데 있는 대웅전에 더 관심이 있었던 것 같기도 하다. 절에 가면 대웅전만 보고 나오다 보니 대웅전보다 더 아름다운 다른 것을 놓치고 있었나 보다. 가만히 들여다본 연못에는 정말 아름다운 물고기들이 많았다. 연꽃도 피어 있고 작은 이끼들도 많아서 볼거리가 많았다. 한참을 보고 있다가 문득 물이 정말 맑고 깨끗하다는 것을 발견했다. 조그마한 물고기의 작은 움직임까지 다 보였다. 얼마나 예쁘던지 하마터면 물속에 손을 넣을 뻔했다.

이처럼 매일 보고 있는 사이라도 내가 알아차리지 못하여 서로 힘들어하는 관계가 있다. 바로 가족이다. 가장 가까운 가족은 정말 어려운 관계이다. 매일 보고 사니 좋은 점 보다 안 좋은 점이 눈에 더 잘 들어오고 잘 해주는 것보다 서운한 점이 더 많이 느껴진다.

가족이라는 이름으로 맺어진 사람들은 원래가 다 그런 것 같다. 내 마음 다 알아주겠지 하고 기대하는데 말 안 하면 모르는 것이 사람이다 보니 내 마음 몰라주는 가족은 언제나 서운하다. 부모님의 지나친 사랑과 관심이 자식에게는 간섭으로 느껴지기도 한다. 또는 잘하겠거니 한 발 뒤에서 지켜보면 관심 없다고 생각할 수도 있다.

부모도 마찬가지다. 자식이 잘되는 것을 바라지 않는 부모는 없다. 그러나 자식은 부모가 앞길을 막는다고 생각하기도 한다. 최선을 다해 키워도 부모가 자신을 잘 못 키워 그렇다고 오해하기도 한다. 서로 소통이 답이긴 하다. 하지만 세대가 다르고 생각이 다르고 자라 온 환경 또한 다르므로 소통과 대화는 그리 쉽지 않다.

물론 기본 마음의 바탕에는 사랑이 있다. 바깥으로 표현되는 방법의 차이인 것 같다. 예전에 우리가 자랄 때만 해도 자식이 여러 명이다 보니 밥만 먹이면 크는 줄 알았다. 형제자매끼리 서로 챙겨 주고 놀아주니 요즘 같은 고민은 없었던 것 같다. 힘든 점이나 어려운 점이 있으면 형제자매와 나누기도 하고 아니면 그냥 그러려니 넘어가는 수도 많았다. 그렇게 표현하는 방법을 모르고 자라서 지금의 부모가 되고 보니 세대가 다른 자식들과의 소통이 어려운 것이다. 서로 상처 주지 않고 상처받지 않고 사랑하며 살기에 가족은 많은 어려운 점이 있다.

가족으로 의지하고 살다 보니 작은 실망도 크게 느껴진다. 다른 이들에게서 느끼는 감정이 파도라면 가족은 태풍 속의 폭풍우처럼 크게 다가온다. 그래서 더 아프다.

문제와 갈등이 없는 집은 아마 단 한 집도 없을 것이다. 비슷한 시기에 자라서 죽고 못 살 만큼 사랑해서 결혼해도 말이 안 통하고 소통이 안 되는 것이 부부이다. 그런데 하물며 세대가 다르게 살아온 부모와 자식 간에는 오죽하겠는가. 너무 마음을 몰라주는 것 같아 속이 터지는 날이 하루 이틀이 아니다. 부모도 자식도 마찬가지다.

아버지가 아파서 병원에 입원했을 때 일이다. 옆 침대에 할아버지를 간호하는 나이 많으신 할머니가 계셨다. 시골에서 농사를 지으신다고 하셨다. 우리 아버지와 연세도 비슷하시고 할머니의 고생 많이 하신 얼굴이 짠해보여서 딸 같은 마음으로 잘해 드렸다.

첫날은 마당에 널어놓은 콩이며 밭에 심어놓은 곡물들 때문에 잠을 못 주무시고 걱정하셨다. 그러다 한 이틀 지나니 할머니는 자식들에 대한 서운함을 토로하기 시작했다.

마당에 콩이랑 밭에 따야 하는 고추 때문에 자식들에게 전화했는데 일곱 명의 아들 중에 단 한 명도 가지 않았단다. 일곱 명의 며느리 중에 단 한 명도 병원에 오지 않았다고 섭섭해 죽겠단다. 밥도 드시지 않고 온종일 화를 내시다 전화기만 보시다 한다.

할머니는 딸 하나 없이 일곱 명의 아들을 낳아 대학 공부까지 다 시켜서 장가보낸 대단한 분이셨다. 땅이 많은 부잣집에 시집을 갔는데 아들을 줄줄이 낳으니 처음에는 그렇게 좋았단다. 그런데 그 많은 땅에 농사를 지으려니 이만저만 고생이 아니다. 아들들 밥해 먹이고 공부시키느라 허리 펼 날이 없었다고 한다. 그런데 다 본인들 잘나서 그런 줄 알고 시골에서 농사짓는 부모는 명절에나 한 번씩 들여다본다. 쌀이며 반찬거리며 보내줘도 고맙다는 말도 없단다. 일곱 명이나 되니 양도 만만치 않다. 자식 키워서 호강은 못하더라도 보람은 있을 줄 알았는데 아버지 아파서 병원에 입원해도 어느 자식 한 명 안 들여다보니 섭섭할 만도 하다. 할머니는 딸 하나 못 낳은 것이 한이라 하시며 며느리를 기다리고 계셨다. 누구라도 오면 좋으련만 아무도 찾지 않는 늙은 부부가 참 딱했다. 억지로 병간호하고 있는 나 자신을 돌아보게 되었다.

늙은 부모한테 잘하라는 말이 아니다. 부모가 온 마음을 다해 키웠는데 어찌 그리 부모 마음을 모르는지 참 안타까웠다. 일곱 명의 아들 중에 혹은 며느리 중에 한 사람만이라도 기다리는 부모의 마음을 모를까. 늙고 아픈 몸과 마음을 아들 며느리에게 잠시 기대고 싶은 마음을 모를까. 물론 귀찮고 신경 쓰이고 돈이 드는 일이기는 하다. 그렇지만 본인들도 자식을 키웠으면서 부모님이 시골에서 고생하며 자신들을 키워준 것을 왜 몰라주는지 가슴 아팠다. 아들이 많다 보니 서로 미루고 눈치를 보는 것 같기도 했다. 그냥 눈치 보지 말고 마음이 시키는 대로 하면 안 되나. 할머니는 계속 자식 다 필요 없다고 한탄하시면서도 전화기를 손에서 놓지 못하신다. 자식은 그렇게 부모를 서운하게 하고 서럽게 해도 부모 마음은 안 그런지 잘 난 아들 자랑도 잊지 않으신다.

내가 일곱 명의 아들 중에 한 명이었으면 그랬을까. '나는 첫째라서 안 돼.', '나는 둘째라서 안돼,' 하며 마지막 일곱째까지 '나는 막내니까 형님들이 잘해야지.' 하는 걸까. 이유야 만들면 얼마든지 생긴다.

이 노부부는 그 많은 자식에게 밥해 먹이고 공부시키고 농사 일하느라 자식들을 일일이 다 모르고 마음을 알아주지 않았을 것이다. 한참 클 때는 소처럼 먹어대니 더 바빴을 것이다.

할머니가 서운한 것은 어쩔 수 없는 상황이다. 다 내 자식이니 내 맘 같을 거라 착각하셔서 그렇다. 이제부터 아플 나이인데 매번 아플 때마다 서운함으로 밤을 지새울 수 있으니 진작에 마음을 잘 추스러셔야 한다. 일곱 명에게 똑같이 나눠주느라 고춧가루며 참깨 농사도 열심히 지었지만 이제 포기하고 자신의 건강이나 챙겨야 더 서럽지 않을 것이다.

때로는 인생보다 관계가 더 어렵다. 다른 가족과 비교해보면 우리 가족은 그나마 나은 점이 많은 것 같기도 하다. 그러나 내 욕심에는 늘 부족하다. 부모와 자식은 그냥 그대로를 인정하면 편할 것 같다. 욕심은 더 큰 서운함으로 다가와서 더 깊은 갈등을 만든다.

우리 아들이라서 내 딸이라서 내가 자기들을 사랑하는 정도는 알 것 같지만 살다 보면 그렇지 않다는 것 알게 된다. 나의 마음을 표현해야 안다.

"나는 너의 이런 면이 서운해."

"나는 너의 이런 점은 고쳤으면 좋겠어."

"너의 그 말이 상처 되더라."

우리가 인생을 살면서 가장 어렵다면 어렵고 쉽다면 쉬운 것이 가족과의 관계이다. 서로의 마음과 생각을 표현하고 소통하면 좀 쉽게 풀리고 더 기운 나는 것이 가족이다. 예사로 보고 놓친 가족의 장점이나 칭찬거리를 찾아 칭찬해주자. 할머니가 되어 서운해하지 말고 지금 더 표현하자. 때로는 인생보다 어렵고 힘든 것이 관계인 것 같다.

02

조금은 이기적이어도 되지 않을까

나에게는 오래된 고향 친구가 두 명 있다. 시골에서 중학교까지는 함께 다닌 동창이고 고등학교는 각자 다른 곳을 다녔다. 한 명은 수도권에 살고 또 다른 한 명은 내가 사는 도시에서 멀지 않은 곳에 산다. 우리는 각자 가정이 있고 아이들을 키우며 살아가다가 한 번씩 만난다. 직장생활도 하고 아이들 키우느라 자주는 못 만난다. 아이들이 어릴 때는 아이들을 데리고도 만났다. 하지만 지금은 사춘기 아이들로 자라서 친구인 엄마들끼리만 만난다.

오십이 넘은 우리지만 만나면 중학교 시절처럼 즐겁게 조잘조잘 그 시절로 돌아간다. 몸은 나이를 먹었어도 마음은 여전히 그때처럼 행복하다. 아침 일찍 만나서 온종일 수다 떨고 놀다가 밤늦게 막차를 타고 각자의 집으로 돌아가곤 한다.

서로 바쁘다는 핑계로 몇 년 만에 만나도 어제 만나고 헤어진 친구들처럼 대화가 자연스럽다. 살다가 정말 힘들고 외로울 때 이 친구들을 떠올리면 마음이 따뜻해진다. 어딘가에 나를 무조건 지지해주는 고마운 친구들이 있다는 것은 정말 큰 힘이 된다.

며칠 전에는 오랜만에 친구들을 만나 따뜻한 에너지 가득 받고 돌아오는 열차 안에서 눈물이 핑 하고 돌았다. 친구들의 따뜻한 마음이 내 안으로 전해져서 감동이 밀려왔다. 자기들도 살기 힘든데 나에게 힘을 주고 응원해주고 싶어서 새벽부터 준비해서 나왔다. 무더운 날씨에도 싫은 표정 한 번 안 하고 얼굴에 흐르는 땀방울이 무색할 정도로 나를 보고 웃어준다. 나는 그 미소에 그만 무장해제 되어 누구에게도 말하지 않은 가족과 관련된 이야기를 하고 말았다. 친구들에게 눈물을 들키고 싶지 않았지만 친구들 눈시울도 붉게 변해 있었다. 우리는 서로의 살아가는 이야기를 주고받으며 서로를 위로하고 격려하였다. 시골에서 학교 다닐 때처럼 심성은 여전하다. 도시로 나와 결혼하고 직장생활 하며 오래 살았어도 양처럼 순하고 착한 친구들이다. 법 없이도 살 수 있는 토끼 같은 친구들이다. 다른 이들을 위해 양보하고 다른 이들에게 피해 되지 않게 살아가는 선량한 친구이다. 나의 이런 친구들이 좀 마음 편하게 잘 살았으면 좋겠다.

가족에게나 직장에서나 더 이상 양보하지 않고 좀 이기적으로 살았으면 하는 바람이 있다. 본인들만 참으면 다른 문제가 없을 거라 판단하고 모든 것을 양보하고 배려하고 살아간다. 착한 사람들의 공통적인 문제점이자 어려움이다.

다른 사람들에게 상처가 될까 싶어 말도 조심하고 행동 또한 눈치를 본다. 내 작은 말투에도 신경을 쓰며 조심한다. 남들이 안 좋게 볼 것 같아 하고 싶은 것이 있어도 일단은 참는다. 그래서 착한 사람, 좋은 사람이라는 말을 듣는 사람들은 혼자 속으로 힘들다. 그렇게 본인은 참고 있지만 남들은 그런 마음 알아주지도 않는다. 오히려 그렇게 대해도 되는 사람이라는 생각을 하기도 한다. 더 나아가서는 원래 그런 사람이라는 오해를 받는 경우도 종종 있다. 사람들과 관계에서는 더 이상 착한 사람 말고 당당한 사람이 되었으면 좋겠다.

내 착하고 순한 친구들이 이 험한 세상을 살아가면서 자신들이 참고 배려해주면서까지 힘들어하지 않았으면 좋겠다.

착한 사람 가면을 벗어 던지고 이기적으로 사는 사람들은 본인 위주로 생각하고 행동한다. 어떨 때 보면 기가 막힐 정도로 정당화를 시킨다. 이기적으로 사는 것이 나쁘다는 것이 아니다. 이기적이고 얌체 같은 사람도 우리 사회의 구성원이다. 남에게 큰 피해만 입히지 않는다면 오히려 더 나을 수도 있다. 물론 타고 난 인성이 그런 사람도 있겠지만 대부분은 살면서 형성된 것일 것이다. 세상에 부딪히고 사람들에게 치이고 하다 보면 나도 모르게 방어적으로 변한다. 사람들에게서 상처받지 않으려고 일부러 상처 주는 말을 하는 사람도 있다.

다 착하고 좋은 사람만 있다면 더 혼란한 세상이 될 수도 있다. 그래서 우리는 조금은 이기적일 필요도 있다고 생각한다.

세상을 살아가면서 가장 어려운 것이 이 사람과의 관계인 것 같다. 가족과의 관계, 친구와의 관계, 직장에서의 관계 살아가는 모든 일이 관계로 이어져 있다. 우리 모두 이 관계만 잘 풀고 이어간다면 사는 것이 한결 수월할 것이다.

나는 이 사람과의 관계를 정말 어려워한 사람 중에 한 명이었다. 지금은 그 누구와도 편하게 잘 지낼 수 있는 내공이 생겼지만, 예전의 나는 지금과는 전혀 다른 사람이었다. 첫째 아이를 낳고 처음으로 아파트라는 곳으로 이사했다. 지금은 신도시라 젊은 층이 많이 사는 도시지만 30여 년 전에는 거의 시골이나 마찬가지인 작은 도시였다. 한참 아파트를 짓고 있는 시기여서 아파트에 대한 동경이 있었다. 크고 좋은 아파트에 입주했을 때는 세상을 다 가진 기분이었다. 그런데 결혼하고 얼마 안 된 새댁이다 보니 사람들이 함께 모여 사는 구조가 좀 어려웠다. 나의 일거수일투족을 다 보고 있다고 생각하니 집 밖을 나가기가 두려웠다. 엘리베이터만 타도 사람들과 부딪히니 처음에는 사람들에게 어떻게 대해야 할지 대책이 없었다. 그냥 인사만 꾸벅하고 가만히 있자니 어색하고, 잘 모르는데 말을 시키기도 뭣하고. 그렇다고 모르는 사람이긴 해도 인사도 없이 멍하니 있기도 어색했다. 난감한 상황이 많았다. 집 앞에 슈퍼에만 나가도 화장을 하고 나갔다. 사람들의 관심을 한 몸에 받고 있다고 생각하니 민낯을 보이기가 민망했다.

아이를 키우고 집에 있는 젊은 새댁에 대한 나이 지긋하신 분들의 관심은 아이가 커서 어린이집에 갈 때 즈음에는 장난 아니었다. 나는 젊고 고상한 도시 여자이고 싶었지만 실패했다. 직접 농사지은 상추와 고추 같은 야채와 방울토마토 같은 것도 가져다주시는 분들에게 너무 고마웠다. 그래서 계속 이렇게 어색하게 지내다가는 더 외롭고 힘들겠다 싶었다.

그래서 그냥 고상한 젊은 새댁의 타이틀을 던져버리기로 결심했다. 마음을 바꾸고 보니 아파트 주민 모두가 너무 좋으신 분들이었다. 그래서 한동안은 이 집 저 집에서 주시는 반찬도 많이 얻어먹고 아이도 봐주셔서 편하게 개인적인 일도 보러 다니곤 했다.

아이들이 커 가면서 서로 아이도 봐주고 도와주며 잘 지냈다. 그런데 여기도 사람 사는 세상이고 특히나 아줌마들의 세상이다 보니 말이 정말 많고 말 때문에 힘든 일이 한두 번이 아니었다. 시기 · 질투는 두 번째 문제고 끼리끼리 모여서 험담과 뒷담화로 하루도 조용할 날이 없었다. 사춘기 시절에 여학교의 풍경처럼 늘 그냥 전쟁터였다. 그런 현실에서 어린 내가 살아남는 일은 어지간해서는 말을 안 하고 듣기만 해야 했다. 커피 마시자 부르면 한두 번은 거절도 하고 섞이지 않으려고 애를 썼다. 자꾸 거절하고 안 가면 나의 포지션도 장담할 수 없으니 눈치껏 자연스럽게 커피 마시는 자리도 참석하곤 했다. 한 7년 정도 그 아파트에서 살고 다른 곳으로 이사 갔는데 이사 들어가기 전의 나와 이사 나올 때의 나는 완전 딴사람이 되어 있었다. 그 이후로 다른 어떤 사람을 만나도 어떤 자리에서도 사람들을 대하는 면에서는 언제나 자신 있었고 전혀 낯을 가리지 않는 강한 아줌마가 되어 있었다.

단언컨대 나의 사회생활 전반에 걸친 사람들과의 인간관계는 그 아파트에서 다 형성되었다고 봐도 과언이 아닐 정도였다. 그렇게 나는 이기적이고 강한 사람이 되었다.

처음에 순진하던 새댁은 그 어디에도 없고 누구에게도 쉽게 다가가는 강한 아줌마가 되어 살아보니 착하고 순하게 사는 것보다 훨씬 편하고 좋았다. 좀 이기적으로 살아도 아무 문제가 없었다. 그 안에서 배운 눈치보기와 줄타기로 다른 곳으로 이사 갔어도 아무 무리 없이 동네 아줌마들 속으로 흡수되어 살았다.

사회 초년생이 사회생활을 시작하는 것이 어려워 힘들어하지만 곧 적응하듯이 나도 그렇게 살아가는 법을 터득하고 사람들과의 관계를 잘하는 법을 배웠다.

우리가 사람 때문에 힘들 때는 나 자신을 한번 돌아보면 어떨까. 남 때문에 힘들어할 문제가 아니라 나 자신의 문제일 확률이 높다. 남은 생각없이 그냥 하는 말일 수도 있는데 혼자 자기식으로 해석하고 힘들어할 수도 있다. 상대방은 나를 생각해서 하는 말인데 나의 낮은 자존감으로 인해 혼자 상처받았을 수도 있다. 나의 마음이 나를 힘들게 할 수 있다는 말이다. 너무 남의 시선을 신경 쓰지 말고 나의 마음을 먼저 들여다보자.

나의 마음이 바뀌면 나에게 오는 말 중에 좋은 말과 나쁜 말을 구별하기가 좀 수월하다. 나쁜 말은 흘려버리고 좋은 말은 받아들이면 된다. 그러면 마음이 좀 편해진다. 조금은 이기적이어도 된다. 조금은 편하게 생각하고 내려놓아도 된다. 아무 문제가 없다. 나를 위해서 조금만 더 마음의 여유를 가져보자.

03

솔직하게 인정하고 표현하라

거짓말을 잘하는 사람이 있었다. 말을 청산유수로 잘하니 처음에는 다 그런가 싶다. 얼마 후 같은 주제로 대화하는데 이상하게 저번하고 다른 말을 한다. 그래서 거짓말은 좀 지나면 들통이 난다. 그러므로 웬만해서는 거짓말은 안 하는 것이 좋다.

솔직하기로는 나를 따라갈 사람이 없다. 나는 거짓말을 못 한다. 왜냐하면 기억력이 좋지 않기 때문이다. 성격상 그런 면이 있기도 하지만 기억회로가 고장이 났는지 지나간 일은 기억이 잘 나지 않는다. 단기기억

상실도 아니고 건망증도 아니고 하여튼 나의 기억코드는 좀 이상하다. 그래서 찾은 방법은 단 한 가지. 거짓말을 안 하면 된다. 그냥 진실이면 기억이 안 날 수가 없다. 솔직하게 진실하게 있었던 일만 말을 하면 같은 말을 반복하게 되어도 실수가 없다.

친하게 지내는 모임의 친구들이 있다. 나이도 다르고 성격도 다르고 직업도 다 다르지만 오랜 시간 친구로 잘 지내온 고마운 사람들이다. 서로의 남편들과도 잘 아는 사이라 우리끼리 논다고 하면 남편들의 간섭은 없다. 자유롭게 우리끼리 대화하고 논다.

우리끼리 가끔 가까운 펜션을 얻어 1박 2일로 1년에 한 번 정도는 찐하게 논다. 집에 안 가도 되니 허리띠 풀어 놓고 먹고 마시고 춤추고 놀다 보면 1년의 스트레스가 한 방에 훅 날아간다. 밤을 새며 놀다 보면 이런 저런 대화를 많이 하게 된다.

각자의 가정사도 얘기하고 아이들 이야기도 하고 일하며 힘든 점도 풀어 놓는다. 한 해 두 해 시간이 지날수록 우정이 깊어졌는지 부부간의 일이나 남에게 말 못 할 이야기보따리도 푼다. 들어보면 행복에 취해 사는 사람은 없다. 돈이 많거나 적거나 상관없이 다들 각자의 인생의 십자가를 짊어지고 살고 있다.

많이 배운 사람도 돈이 많은 사람도 사는 것은 다 비슷한 것 같다. 이런 저런 사는 이야기를 들어 보면 혼자 힘들어하던 내 처지도 조금 위로가 된다. 나는 그 안에서 제일 솔직하지 못 한 사람이었다. 지금 힘든 내 현실 이야기는 하기 싫었다. 그래서 그냥 나는 아무 문제 없는 것처럼 말했었다. 그런데 친구들이 바보도 아니고 나를 제일 잘 아는 사람들이다 보니 내가 스스로 말 할 때까지 기다리고 있었다.

어느 날부터 조금씩 솔직하게 표현하고 말하기 시작했는데 내가 생각했던 우려와는 달리 오히려 더 많은 힘과 용기를 주는 말을 해주었다. 나를 위한 눈물을 흘려주었다. 너는 더 잘할 수 있고 분명히 다시 일어나서 더 멋지게 성공할 수 있다고 격려해주었다. 나는 친구들이 정말 고마웠다. 서로 나쁜 말은 안 한다. 서로에게 힘이 되는 말을 해준다. 서로의 편이 되어 울고 웃어준다.

내가 솔직하게 말하지 않고 계속 괜찮은 척했더라면 나만 힘들었을 것이다. 아무렇지도 않은 척 힘들지도 않은 척 태연히 행동했으면 친구들이 더 미워했을 거라고 말한다.

솔직하게 말하니 얼마나 힘들었을지 큰 힘은 되어주지 못해도 늘 마음으로 응원하겠다고 말해준다. 정말 고맙고 힘이 났다. 이런 친구들이 있어서 참 행복하단 생각을 했다.

진작에 솔직하게 말하고 힘들다고 표현할 걸 하는 뒤늦은 후회가 되었다.

행복한 삶이란 어떤 것일까? 돈이 많으면 행복할까? 아니면 돈은 없어도 좋아하는 운동을 하며 소확행 하는 것이 행복일까? 우리는 누구나 행복해질 권리가 있다. 사람들은 행복하기 위해서 살아간다. 행복하게 살고 싶은 것이 모든 사람의 희망 사항이다. 그러나 매일 행복하다고 생각하고 사는 사람이 과연 몇이나 될까? 그런 사람이 있기는 있을까?

돈이 많으면 정말 행복할 것 같다고 말하는 사람은 많다. 왜냐하면 갖고 싶고 하고 싶은 모든 일이 돈이 있으면 할 수 있는 일이기 때문이다.

우리 삶에서 돈은 아주 중요한 행복의 조건 중에 한 가지다. 살아가는 모든 일이 다 돈으로 연결되어 있기 때문이다. 행복하고 좋은 관계를 유지하는 것도 돈이 많으면 좀 수월하다. 힘든 관계를 풀어가는 것도 돈이 많으면 좀 쉽게 풀린다.

돈이 많으면 상대가 좋아하는 선물로 틀어진 마음을 돌릴 수 있다. 돈은 마음의 여유를 주기 때문에 사람들과의 관계에서도 배려와 여유가 있다. 마음이 여유로우면 상대에 대해 관대해진다. 상대방의 말을 들어주고 이해해주고 하다 보면 자연스럽게 관계도 좋아질 것이다. 돈이 없는 것보다는 돈이 많은 것이 행복해지는 더 편한 길인 것은 분명하다.

나도 솔직히 돈이 많으면 좋겠다. 돈이 많아서 여유롭게 살며 사람들에게 선한 영향력을 끼치며 살고 싶다. 어려운 사람들에게 용기와 희망을 주고 싶다.

늘 누군가 꿈이 무어냐고 물어보면 농담 반 진담 반으로 답한다. 돈 많은 부잣집 사모님이 꿈이라고. 남들은 그렇게 말하면 장난하는 줄 알고 웃어넘기지만 진짜 나의 꿈은 돈 많은 부잣집 사모님이다. 어릴 때는 부잣집 사모님은 다 나쁜 사람인 줄 알았다. 기 세고 못된 시어머니가 부잣집 사모님인 줄 알았다. 그런 소리 듣더라도 고생하며 사는 것보다 부잣집 사모님이 낫지 않을까. 나의 오랜 꿈이 반드시 이루어질 것이라 믿는다.

외모가 동안은 아니어서 한동안 스트레스를 많이 받았다. 요즘은 예쁜 여자보다 어려 보이는 외모를 가진 여자가 대세다. 여자뿐만 아니라 남자들도 동안이 되려고 운동하고 자신을 가꾸는 사람이 많다. 그런데 나는 약간 나이 들어 보인다는 소리를 많이 들었다.

어린 나이에 결혼하고 출산하고 아이들 키우면서 일도 하고 열심히 살았는데 어느 날 돌아보니 나를 너무 가꾸지 않고 살지 않았나 싶은 생각이 들었다. 그래서 주변에 사람들을 보고 따라 하다 보니 옷차림이 좀 나이가 들어 보인 것 같다. 동네 아줌마들이랑 반바지 차림에 편한 티셔츠 하나 입고 만나던 모임이 아니다 보니 지적질을 좀 받았다.

그런데 나의 목표는 부잣집 사모님이라 좀 우아하고 고급스러운 나이 든 스타일이 맞는데 동안 스타일이 대세다 보니 코드가 안 맞아서 어정쩡하게 더 나이가 들어 보였다.

옆에서 자꾸 외모로 지적하니 기분이 나빠서 말도 하기 싫었지만 내가 생각을 바꾸니 달라졌다. 그냥 그런 말 들어도 기분 나빠하지 않기로 했다. 그렇게 생겨 먹을 걸 어쩌겠냐고 오히려 웃고 농담하니 나를 대하는 사람들의 지적도 줄었다. 오히려 내가 먼저 "노안이라 미안합니다."라고 장난삼아 말하면 상대는 누가 그런 소리 하더냐고 그렇지 않다고 말해주었다. 나는 나의 외모에 대한 콤플렉스를 솔직하게 인정하고 말하므로 극복하였다.

사람들과의 관계도 더 편하고 좋아졌다.

꼭 동안이어야 할 필요는 없다. 나이가 들면 나이 든 대로 매력이 있다고 생각한다. 내가 연예인도 아니고 대단히 외모가 아름다워야 하는 사람도 아닌데 동안에 매달리다 보면 스트레스가 이만저만이 아니다. 그냥 약간 노안이라도 나답게 살면 된다. 이 세상에 나는 오로지 나 혼자이니깐. 솔직하게 인정하고 나답게 표현하며 살자.

내가 있고 세상이 있고 관계가 있고 행복이 있다.

04

상대방에게 맞추어 살 필요는 없다

유명한 스님이 텔레비전에 나와서 사람들의 고민을 듣고 즉답을 해주는 것을 보았다. 청중이 물었다. "스님, 저희 남편이 너무 고집이 세고 제 말을 안 들어서 속상해요."

스님이 대답했다. "그러면 살지 마라. 안 살면 되지 뭐 걱정이고?"

청중이 다시 물었다. "애들도 있는데 어떻게 안 살아요? 남편이 고집 안 부리고 제 말을 잘 듣는 방법은 없을까요?"

스님이 대답했다. "세상에 그런 남편은 없다. 못 고친다. 고쳐서 살라고 하지 말고 그냥 헤어져라."

어이 없는 청중이 다시 물었다. "스님, 기도하는 방법을 가르쳐주세요."

스님이 대답했다. "없다는데 왜 자꾸 나한테 그러느냐, 네가 바뀌는 건 쉬운데 남을 고치는 건 쉽지 않다. 죽었다 깨어나야 한다."

청중들은 웃었지만 나는 정말 너무나 스님 말이 공감된다. 우리 친정 부모님 이야기 같다. 아버지는 9남매의 막내 귀염둥이로 자라서 귀하신 분이다. 막내라 애지중지 키웠더니 학교에 가서도 형님들이 많아 안하무인이었다. 기세등등하여 우쭐거리며 공부도 잘했다.

엄마는 시골에서는 나름 부잣집 셋째딸이었다. 외할아버지는 딸만 많은 집이라 아무리 돈이 있어도 딸들을 공부를 안 시켰다. 시골 부잣집은 땅이 많아서 어려서부터 일을 많이 한다. 학교에 가면 선생님이 맨날 때린다고 하니 학교 문턱에도 안 가고 일만 하신 엄마다.

아버지는 키도 크신데 일도 안 하고 귀하게 크니 얼굴도 하얗고 인물이 좋으셨다. 반면 엄마는 고분고분 일만 하고 자라서 아버지가 보기에는 작고 못났다. 형님들의 주선으로 막상 결혼하고 보니 키도 작고 못난 엄마가 싫어서 도망을 갔단다.

그런 아버지라도 착한 엄마는 평생을 일만 하면서 살았다. 엄마가 낳은 자식에 조카들까지 키우느라 엄마의 고생은 이만저만이 아니었다. 아버지는 면사무소 옆에 있는 한전에 다니셨다. 아침에 출근했다가 저녁에 퇴근하여 집으로 돌아오실 때는 항상 거나하게 취해서 오신다. 좀 깜깜하면 자식인 우리에게 데리러 오라고 하신다.

아버지는 우리를 데리러 다닌 적이 없지만 우리는 아버지 모시러 참 많이도 다녔다. 술 취해서 들어오시면 엄마한테 못났다고 타박하신다. 오빠들에게는 공부 못한다고 나무라신다. 그러다 보니 잔소리 듣기 싫은 엄마와 오빠들은 다 도망가고 어리고 힘없는 동생과 나만 남는다. 그래도 나는 똑똑하고 예쁘다고 하셨다. 여동생은 막내니 당연히 귀여워하셨다. 어린 우리 자매가 아버지 발 씻을 물을 떠다 드리면 아버지가 주머니에 있는 동전이나 가끔 어디서 얻었는지 사탕도 주셨다. 어리고 귀여운 두 딸 주려고 잔칫집이나 초상집에 가시면 꼭 주머니에 챙겨 오신다. 우리 자매는 자다가도 아버지 주머니에서 나는 뽀시락 소리에 귀를 쫑긋 세우곤 했다.

아무리 술에 취해도 밥은 안 드셔도 꼭 발을 씻고 주무셨다. 피곤하신데 발을 씻으면 피로가 풀린다고 하셨다. 우리 자매에게는 발가락으로 꼬집는 장난도 많이 치셨다. 그때는 아프고 싫었는데 어른이 된 지금 생각하면 아버지의 딸들에 대한 애정 표현이었고 우리 자매에게는 소중한 추억들이다.

우리는 그렇게 귀여워해도 엄마한테는 좀 차가우셨는지 아니면 신혼 때에 도망갔다 온 것이 한이 되신 건지 엄마는 아버지에게 늘 불만이 많았다. 아버지가 하는 말은 잘 듣지 않았다.

착하디 착한 엄만데 아버지에게는 친절하지 않았다. 저녁에는 술을 드시고 오시니 새벽에 일어나서 이런저런 집안일이나 농사 이야기나 자식들 이야기를 하신다.

자다가도 두 분이 두런두런 말씀하시는 소리가 들리면 '아 새벽이구나.'라는 생각이 들곤 했었다. 어린 우리는 그냥 보통의 부부처럼 잘 지내시는 줄 알고 자랐다.

자식들이 결혼해서 나가고 두 분이 할머니 할아버지가 되어 황혼이 되었을 때 아버지가 아파서 엄마의 수고가 많아졌을 때 알았다. 밥도 잘 챙겨드리고 별 탈 없이 잘 지내는 줄 알았는데 아버지가 엄청 구박받고 있었다. 밥 챙겨주면서도, 약 챙겨주면서도, 병원을 같이 다니면서도 엄마는 내내 아버지에게 불만 섞인 목소리였다. 억지로 하는 것이 눈에 보였다.

엄마께 진지하게 물었다. 왜 아버지한테 그러시냐고 엄마는 한참을 망설이다가 딸인 나에게 불만을 말씀하신다. 나의 예상을 완전 빗나갔다.

아버지가 고집이 세고 엄마 말을 안 들어줘서 평생 속이 상했다고 한다. 이 무슨 말인가. 남편은 원래 그런 사람들 아닌가. 엄마가 사신 시절에는 더더욱 모든 남편이 다 그렇다. 집안의 가장인 아버지가 책임감으로 시키는 일과 말을 엄마는 아버지 마음대로 하고 고집 피운다고 생각하신 것 같다. 엄마가 순하고 착하니 아버지가 집안일이나 농사일을 지시하고 출근하시는 걸 엄마는 엄마 생각대로 하고 싶은데 일을 시키고 가니 오해하신 것 같다.

엄마는 착하고 순하셔서 아버지를 이길 수 없으니 따르면서 불만이었나 보다. 그렇다고 평생을 참고 혼자 궁시렁 궁시렁거리고 있었던 것인가. 말도 못 하고 있다가 늙고 병든 남편을 보니 화가 나서 화를 좀 냈다고 한다.

스님께 질문하신 청중의 이야기를 들으니 엄마 아버지 생각이 났다. 엄마는 아버지에 대한 불만을 품고 평생을 사셔서 본인만 손해다. 이제와서 늙고 병든 남편에게 화 낸다고 청춘이 돌아오는 것도 아닌데 왜 그렇게 불만을 안고 사셨을까.

너무 작은 불만으로 엄마 본인의 행복을 발로 찬 것 같다. 우리 아버지는 그런 사람이 아니다. 젊었을 때는 욱하는 마음에 화도 내고 실수도 하셨다. 그렇지만 가족을 위해 평생을 헌신하셨다. 고생하시면서도 시간을 내서 멋도 부리시고 딸에게 소주도 한잔 사주시는 나름 낭만 있으신 멋진 분이다. 얼마든지 다르게 보면 멋진 남자이신데 엄마는 아버지의 그럼 면은 못 보고 왜 그렇게 본인을 힘들게 하셨을까.

부부라고 해서 서로 다 안다고 생각하면 오산이다. 한평생을 살아도 모르는 게 부부이다. 그런데 조금만 상대를 배려하고 이해하면 그 사람이 하는 행동의 이유를 알게 된다. 상대에게 다 맞출 필요는 없지만 이해하고 조금만 신경 쓰면 세상 풀기 쉬운 것이 부부의 문제이다. 그런데 엄마는 왜 이해해서 풀거나 하지 않고 바보같이 혼자 힘들어 했을까. 아버지 그런 행동이 아무리 불만이라도 황혼이 되도록 가슴에 품고 있다가 아픈 사람에게 짜증 내고 화낸다고 뭐가 달라지나. 엄마의 불만이 깊어서 아버지가 죽었다가 다른 사람으로 태어나야 할 상황이다. 엄마는 그 후로도 계속 불만스러운 행동을 한다.

아버지가 돌아가시는 날도 불만이었다. 고맙다는 말 안 하고 돌아가신 것이 불만이다.

알고 보면 이런 일은 엄마가 자초한 일이다. 하기 싫으면 하지 말던가. 아니면 했으면 불만을 하지 말던가. 해놓고 불평 불만이니 좋은 소리가 안 나오는 건 당연하다.

아버지의 고집을 아니깐 받아들이고 인정하던가. 아니면 본인이 더 고집부려서 이기던가.

엄마는 결국 본인의 성격 때문에 본인도 힘들고 아버지도 힘들었다. 엄마는 아버지에게 맞추고 살았다고 말하지만 아버지 입장에서는 그렇지 않다. 매사 불만인 마누라가 뭐 예쁘겠는가. 시키는 대로 하는 것도 아니고 자기 의견을 내는 것도 아니고 참 어려운 마누라다.

돌아가시는 순간에도 눈빛으로 느끼면 되지 아파서 죽어가고 있는 사람이 어떻게 말을 하나. 말을 할 수 없으니 눈만 쳐다보고 있었겠지. 쳐다만 보고 아무 말 없이 갔다고 계속 말씀하신다. 내가 다 짜증이 나서 그만하시라고 소리를 질렀다.

우리 엄마는 자식들에게는 고마운 엄만데 아버지에게는 그리 좋은 아내는 아닌 것 같다.

지금 와서 보면 아버지도 엄마 맞추고 사시느라 고생하신 것 같다. 아버지 마음대로 하시는 것 같아도 늘 엄마 눈치를 보고 있었을 것이다. 아버지의 그런 노력이 있었으니 별 탈 없이 우리 자식들을 다 키우고 출가시키고 하지 않았겠는가.

내 마음 다쳐 가면서 상대에게 맞출 필요는 없다. 그러나 나의 이해와 배려로 상대와 잘 지낼 수 있다면 조금은 맞추면서 살 필요는 있다. 우리 엄마처럼 혼자 평생을 힘들어하지 말고 자기의 목소리를 내서 서로 행복할 수 있는 방법을 찾아보면 된다.

내가 맞추려고 노력하면 상대방도 내게 맞추는 것이 인지상정 아니겠는가. 사람 사는 세상은 원래 그렇게 서로에게 조금씩 맞추어 가면서 살아야 한다. 서로 좋은 인연으로 관계를 맺고 살아가려면 조금은 맞추어 주는 센스를 발휘해보자. 서로 상처 주지 않고 상처받지 않는 좋은 관계를 유지하며 살아갈 수 있도록.

05

관계가 끝난 것이지 인생이 끝난 게 아니다

요즘 아이들은 컴퓨터나 패드로 공부하여 잘 모르겠지만 우리가 학교 다니던 학창 시절에는 노트 필기를 하였었다. 선생님이 칠판에 적어주시는 핵심을 종이 노트에 꾹꾹 눌러 써서 빨간색 파란색 볼펜으로 중요 포인트에 체크를 해가며 필기하곤 했다. 그때 필요한 것이 책받침인데 책받침에는 보통 제일 잘나가고 예쁜 연예인의 사진이 있었다. 내가 좋아하고 동경하는 연예인의 얼굴이 있는 책받침을 사기 위해 문구점을 뻔질나게 돌아다니기도 했다.

책받침 스타만 되면 그건 이미 성공한 스타나 마찬가지였다. 나이 든

지금까지도 잘나가고 몸값 비싼 연예인들은 이미 그때부터 우리들의 책받침을 차지하고 있던 청춘스타들이었다.

그 시절의 책받침 스타들이 연애하고 결혼한다는 이슈는 우리들의 기쁨이고 슬픔이었다. 그렇게 인형처럼 예쁜 여자 연예인이 결혼식을 한다는 것도 믿어지지 않는데 결혼하고 얼마 안 가서 이혼했다는 소식은 한마디로 충격이었었다. 이슬만 먹고사는 것 같은 연예인이 가정폭력으로 병원에 입원해 있는 모습을 보는 것은 고통이었다.

그러니 특종을 찾아 헤매는 기자들은 스타들의 결별과 이혼을 제일 크게 보도하고 신문의 일면을 장식하곤 했었다. 제일 예쁜 여자 연예인이 재벌총수의 두 번째 부인이 되었다는 소식보다 남편의 사업 부도로 이혼하고 혼자 아이를 키운다는 소식이 더 가슴 아팠다.

요즘은 연예인들의 이혼이 별로 이슈나 관심거리가 되지 못한다. 그런데 우리가 연애하고 결혼하고 하던 젊은 시절에도 연예인들의 결별이나 이혼이 가십거리였다. 이혼이 흔하지도 않았고 이혼하는 사람은 무슨 문제투성이 취급을 당했다. 한 번의 이혼으로 아예 방송에서 사라지고 몰락한 연예인도 부지기수였다.

그런데 세상이 많이 변하고 세대가 달라지니 근래의 방송프로그램은 오히려 이혼이 요샛말로 대세다. 이혼은 한마디로 선택의 문제가 되었다. 참고 사는 일방적인 관계가 아니라 그냥 선택하며 산다. 아이러니하게도 돌싱은 그냥 싱글보다 대접을 더 받는다. 이런 시선은 비단 연예인에게만 한정된 것이 아니다. 일반인들도 마찬가지다. 두 번 세 번 이혼하고 결혼하고 어떤 연예인은 여덟 번이나 결혼과 이혼을 반복했다고 한다. 정말 대단한 멘탈을 가진 사람이라는 생각이 든다.

결혼과 이혼은 연애와는 완전 다르다. 집안과 집안의 문제이고 아이들의 문제이기도 하다. 한 번이라도 겪어본 사람은 그 아프고 힘든 여정을 다시는 하고 싶지 않다고 한다. 그런데 또 하는 걸 보면 인간은 망각의 동물이 맞는 것 같기도 하다.

며칠 전에 본 예능프로그램에서는 배우 A씨가 같은 여자와 세 번째 결혼식을 하는 것을 보았다. 하객으로 오신 친구분이 네 번째는 오지 않겠다고 뼈 때리는 농담을 하신다.

같은 남자와 여자가 아이도 있는데 결혼하고 이혼하고를 반복하는 이유가 뭘까. 부부의 관계라는 것이 어렵다면 어렵기도 하지만 쉽게 생각하면 그렇게 쉬울 수도 없다.

이미 사랑이 베이스에 깔려 있고 아이가 자라는 가족이라면 서로를 믿고 살면 아무 문제가 없다. 아마도 사랑하는 만큼 기대와 믿음이 커서 상대에 대한 실망으로 이혼하게 되는 경우가 많겠지만 경제적인 문제도 이혼의 많은 부분을 차지한다고 본다.

배우 A씨도 경제적으로 힘들어져서 이혼했다가 다시 재혼하고를 반복했다고 한다. 이제 황혼이 되어 서로 같이하지 못하고 흘려보낸 시간이 아쉬워 다시 결혼식을 한다고 한다. 그러나 지금껏 다르게 살던 두 사람이 마음을 다잡는다고 해도 다시 잘살 수 있을까. 지금 마음처럼 잘살면 좋은데 얼마 못 가서 다시 이혼할 것 같다는 나쁜 생각이 드는 건 왜일까.

사람과의 관계에서 이해와 배려가 빠지면 힘들어지는 건 당연한 결과이다. 특히나 부부는 생활을 함께하여야 하기에 더더욱 서로가 가진 성격을 이해해야 한다. 아무리 사랑하는 마음이 깊어도 상대가 가진 성격이나 기질을 이해하지 못하고 내 마음대로 하려고 하면 문제가 된다. 내 아내이니깐, 내 남편이니깐, 내 가족이니깐, 내가 사랑해서 하는 행동이니깐, 다 알아주고 이해해줘야 한다고 착각하면 큰 오산이다.

서로의 다른 면 때문에 끌려서 결혼하지만 서로의 다른 면 때문에 평생 불만인 것이 부부간의 문제다. 내가 가지지 못한 면을 상대가 가지고 있다면 받아들이고 인정해야 한다. 그런데 나와 다르다고 같아지기를 강요한다면 계속 트러블이 생기게 되어 있다.

내가 아는 커플 중에 성격이 급하고 머리가 좋아서 매사에 빠르게 일을 해치우고 달리는 아내가 있다. 남편을 처음 만났을 때 그렇게 본인의 말을 차분히 다 들어주고 일을 마무리해주는 모습이 너무 멋있고 든든했단다. 가만 놔두면 다른 여자한테 뺏길 것 같아서 성격 급한 아내가 먼저 청혼하고 결혼하자고 했다.

막상 결혼하고 보니 남편의 차분함과 든든함이 너무 느리고 답답하게 느껴진다. 아내는 머리가 좋고 똑똑하니 말귀를 빨리 알아듣고 즉각적으로 행동한다. 남편은 행동도 느리지만 말귀도 잘 못 알아듣는 것 같다. 달라도 너무 다르다. 토끼와 거북이 같은 부부 커플이다.

처음에는 그렇게 안 맞다고 생각했는데 서로를 조금씩 인정하고 이해해주면서 살아보니 둘이 그렇게 천생연분일 수가 없단다. 성격 급한 아내는 빠르지만 놓치는 것이 많다. 느린 남편이 놓친 것을 잡아준다. 느린 남편이 못해나가는 것을 급한 아내가 다 처리해준다.

잘하다 가도 한 번씩 서로의 빠르고 느린 것으로 다투기도 하고 불만을 토로하기도 하면서 살고 있다. 그 부부 커플을 보면 결혼과 이혼을 반복하는 부부들에게 정답은 없지만 좋은 예는 있다고 말해주고 싶다.

사람들과의 관계에서도 가장 중요한 것이 가족과의 관계가 아닐까 한다. 가족 중에도 부부간의 관계는 부부 두 사람의 문제가 아니다. 아이들과 부모님과 더 크게 보면 사회와 국가간의 문제이기도 하다. 부부가 사랑으로 만나서 알콩달콩 잘 살면 아이들도 부모님도 사회도 국가도 다 좋은 일이다. 그런데 그렇게만 살 수 있다면 얼마나 좋을까. 아무 문제 없이 사는 부부만 있다면 아마도 범죄도, 고아도, 전쟁도 아무것도 일어나지 않는 천국일 것이다.

부족함 없이 행복하고 웃음 가득한 가족만이 존재하는 파라다이스일 것이다. 모든 문제는 사회의 첫 번째 단위인 가족, 가족을 이루는 기초인 부부로 시작한다.

그냥 우리 부부와 나만의 문제가 아니라 나아가서는 인류와도 밀접한 관계가 있다는 말이다. 그러므로 가족을 이루는 결혼과 이혼은 쉽게 생각하고 결정할 문제가 아니다. 좀 더 책임감을 느끼고 더더욱이 아이가 있다면 신중에 신중을 기해야 한다. 아이는 우리의 미래이기 때문이다. 내가 낳기는 했어도 내 몸을 빌려서 나온 소중한 하나의 인격체이다.

그 한 명의 아이가 온 인류를 살릴 수도 있고 지구를 구할 중요한 사람일 수도 있다. 아이는 무조건 사랑이 가득한 행복한 가정에서 살 권리가 있다. 형편이 어렵거나 사정이 여의치 않아도 아이가 희망과 꿈을 잃지 않도록 우리 모두의 보살핌을 받으며 자라야 한다. 나의 선택으로 인해 아이가 상처받는 일은 더 이상 없어야 한다.

우리 부부도 생각해보면 성격도 기질도 많이 다르다. 아니 다른 듯 닮았다. 아이들이 아니었다면 아마 열 번도 더 이혼했을 것이다. 아이들이 우리 부부를 어른으로 키웠다. 아이를 키우면서 어른이 된다는 말은 우리 부부를 두고 한 말이다. 늘 부족하고 철없던 우리 부부에게는 아이들이 서로를 이어주는 끈이었다. 아이들에게 늘 건강하게 잘 자라줘서 고맙기도 하지만 우리 부부를 어른으로 만들어줘서 고맙다는 말을 농담처럼 한다.

어리고 철없던 시절에 결혼해서 돈도 없고 빽도 없이 젊음 하나 믿고 살았다. 돌이켜 보면 그럴 수밖에 없는 나이였고 환경이었다. 그때 우리 나이보다 더 나이를 먹은 아이들이 묻는다. 그렇게 어렸는데 어떻게 자기들을 키웠냐고. 그래서 많이 싸워서 미안하다고 답을 한다.

30년 전이 아니라 지금이라면 어땠을까. 지금처럼 이혼이나 돌싱이 아무렇지도 않은 시대라면 아마도 연예인 A씨처럼 결혼과 이혼을 반복했을 수도 있다. 우리 부부를 포함해서 모든 부부들이 좀 더 신중하기를 바란다.

아이가 없어도 힘들고 괴로운 일이 이혼인데 아이가 있다면 좀 더 책임감 있게 선택하기를 바란다. 어린 날 상처받고 자란 아이는 늘 가슴 한쪽이 허전하고 살아가는 내내 외로움을 자주 느낀다. 사람들의 사랑과 관심에 집착한다. 우리 아이가 그런 사람으로 자란다면 너무 슬플 것 같다. 사람들과의 관계도 어려워하고 자존감도 낮아진다. 다 그렇다는 것은 아니지만 그럴 확률이 높다는 말이다. 물론 이혼했다고 세상이 끝나는 것도 아니고 인생이 끝나는 것도 아니다. 다만 관계가 끝나는 것일 뿐이긴 하다. 이 관계가 끝나도 인생은 이어지고 또 다른 좋은 관계가 다가올 수도 있다. 알 수 없는 것이 인생이고 더 알 수 없는 것이 관계이다. 다가오는 인연은 좋은 관계로만 이어지기를 바랄 뿐이다.

06

지금 당장 가지치기가 필요한 관계

장대비가 온 대지를 적시는 장마철이다. 하늘에 구멍이 뚫린 듯이 쏟아지다가도 언제 그랬냐는 듯 해가 쨍쨍 내리쬐고 있는 순간도 있다. 장마철에는 대기가 불안정하여 하루에도 수십번씩 날씨가 변덕이다. 습도가 높아서 기분이 안 좋은 날이 많다. 이렇게 습한 날에는 나무나 풀이 잘 자란다. 어릴 때 시골에서 학교에 다녀오면 엄마가 늘 밭에 풀 뽑으러 가자고 하셨다. 요즘은 약이 좋고 농사 기술도 발달하여 풀을 뽑는 일을 덜 하지만 우리가 자랄 때만 해도 풀 뽑기가 농사의 많은 부분을 차지했다. 풀 뽑으러 가기 싫어서 학교에서 돌아오는 우리를 이제나저제나 기다리는 엄마를 언덕 밑에 숨어서 따돌리기도 했다. 결국은 잡혀서 호미 들고 밭에 따라갔지만 지금 생각하면 아련한 어린 날의 추억이다.

콩밭에 데려가면 콩나무 밑에 드러누워서 풀은 뽑지 않고 노래만 불렀다. 그러다가 엄마의 과자 사준다는 약속을 받으면 엄마보다도 빠른 속도로 풀을 다 뽑고 수퍼로 냅다 달려가곤했다. 고구마밭에 데려가면 어리고 아삭한 고구마를 일부러 뽑아서 먹으며 까불기도 했다.

그런 우리를 엄마는 나무라기는커녕 흐뭇하게 보시며 더운 날 따라와서 거들어 주는 것만으로도 고맙고 기특하다고 칭찬해주셨다. 엄마의 푸근한 사랑이 힘들고 어려운 시골 생활도 추억으로 만들어주는 것 같다. 시골 일이라는 것이 그리 쉽게 하나를 끝낸다고 해서 끝나지 않는다. 밭에 풀을 뽑고 나면 감나무며 배나무도 잔가지가 많이 자라서 잘라주어야 했다. 잔가지들을 잘라야 큰 가지에서 나는 굵은 열매를 수확할 수 있기 때문이다.

풀 뽑기보다 어려운 것이 가지치기다. 가지치기는 힘이 많이 드는 고된 일이라 주로 오빠들이나 아버지가 하는 일이다. 하지만 웃자란 가지를 보고는 그냥 지나칠 수가 없다. 어리고 힘이 없어도 큰 가위로 쓸모없는 잔가지를 뚝뚝 잘랐다. 지금은 하라고 해도 힘든 일인데 어릴 때는 그런 생각 없이 잘도 잘랐다. 잘라내어 깔끔해진 나무를 보며 뿌듯해하며 집으로 돌아가서 자랑하곤 했다. 지금처럼 장마철엔 보들보들 웃자란 풀을 뽑는 일과 쓸모없이 많이 자란 가지들을 잘라주던 일들이 추억이 되어 생각난다. 돌이켜보면 행복했던 어린 날이지만 그때의 어린 나는 정말 힘들었을 것이다.

학교 마치고 집에 와서도 친구들과 어울려 놀고 싶었을 것이다. 풀을 뽑거나 가지를 치는 일은 하고 나면 뿌듯하지만 덥고 습한 장마철에 하기에는 힘든 일이다. 어린아이에게는 더더욱 그랬을 것이다. 힘든 일임에도 불구하고 부모님을 돕고 싶은 마음 하나로 하지 않았나 싶다.

장마철에 떠오르는 어린 날의 기억이 또 다른 아픈 기억으로 연결된다. 한참 사업이 승승장구하고 있던 때이다. 남편이 하려는 또 다른 사업이 돈을 많이 벌 수 있겠다는 생각이 들었는지 남편의 아주 친한 친구 중에 한 명이 본인도 투자를 할테니 이익금을 나누자는 제안을 했다. 그 시기에는 투자금이 모자란 상황이라 남편은 흔쾌히 수락했다. 누구라도 잘되면 좋은 일인데 잘되어 친구에게 도움이 된다면 기쁜 일이라 했다. 사업이 잘되어가고 있을 때는 여기서 나오는 이익금으로 다른 사업을 할 계획을 세우는 등 모든 일이 순조로웠다. 그런데 기대가 컸던 사업이 한순간에 잘못되어 큰 손해를 보게 되었다. 생각지도 못한 일들이 도미노처럼 일어나면서 우리에게 큰 위기가 닥쳤다. 큰 위기가 맞지만 포기하지 않고 실망하지 않고 차분히 일을 처리하고 있었다. 큰돈을 투자한 주변분들께 약속을 못 지켜 미안했지만 최대한 피해가 가지 않도록 애를 쓰고 있었다. 그런데 문제는 남도 아닌 남편의 가장 친한 친구였다. 이 친구는 원래도 돈이 많아서 돈 걱정 없이 사는 사람이다. 그리고 돈의 액수도 그리 많지도 않았다. 그러나 매일 밤낮을 가리지 않고 전화하고 폭언을 퍼부었다. 남편에게도 하고 나에게도 했다. 나는 정말 처음엔 미안했지만 어린 아이처럼 떼를 쓰며 억지를 부리는 그가 점점 야속했다.

우리 일을 제일 잘 아는 사람이 그 친구다. 일이 이렇게 된 사정을 제일 잘 아는 사람도 그 친구다. 우리의 잘못이 아니라는 걸 아는 사람도 그 친구다. 그런데 그 친구는 매일 사람을 들들 볶는다. 나는 진짜 일로 힘든 것보다 그 친구 때문에 괴로웠다.

남편은 우리 잘못이라며 고스란히 당하고만 있다. 하지만 나는 도저히 참을 수가 없었다. 그래서 다시 한번 정중히 사과하고 지금 이렇게 한다고 해결되지 않으니 친구인 남편을 믿고 기다려 달라 했다. 그리고 그 돈 없어 못 사는 것도 아닌데 너무하는 것 아니냐고 싫은 소리도 했다. 어차피 나의 마음속은 이미 그 친구는 가지치기해서 싹 뚝 잘라낸 상황이었다. 처음엔 좀 어이없어 하고 펄쩍 뛰더니 오히려 요즘엔 좀 조용해졌다.

나는 남편에게 이번 일로 관계를 끊어내야 하는 사람을 가려야 한다고 충고했다. 오래된 친구라 힘들겠지만 당장 가지치기해야 하는 사람은 그 친구라고 분명하게 말했다.

자신에게 이익이 된다 싶으면 오만 가지 입에 단 이야기를 하고 옆에 붙어있다가 조금만 손해가 된다 싶으면 바로 손절하는 사람은 나의 상식으로는 잘라내야 한다고 본다. 50년이 넘는 긴 세월의 우정이 그깟 돈 몇 푼에 흔들릴 수가 있는가? 돈으로도 살 수 없는 것이 우정이고 인격이고 사람이다. 사람을 그렇게 돈의 이익과 손해로만 따진다면 아무리 친한 친구라도 가지치기해서 잘라 내는 것이 옳은 것 같다.

우리는 살아가면서 얼마나 많은 사람과 얽히고 관계를 맺고 있는가. 그런데 그 모든 사람을 그렇게 계산하고 이해타산만 따지면서 만난다면 어떻게 좋은 관계로 살 수가 있겠는가.

그럼 살면서 돈과 상관없이 만나는 관계는 또 얼마나 되겠는가. 돈과 관련이 없더라도 어떻게든 사람의 인격은 나타날 것이다. 돈으로만 이익을 따지는 사람의 인격은 또 얼마나 고매하겠는가. 당장 우리가 손해를 보더라도 그런 사람과의 관계는 과감하게 가지치기하듯 잘라내야 한다. 풀 뽑기를 하듯 뽑아버려야 한다.

우리는 누구라도 손해를 보는 것은 싫다. 하지만 손해를 한 번도 보지 않고 살아 온 사람이 얼마나 되겠는가. 손해를 보더라도 관계를 이어가고 싶은 사람이 있는가 하면 이익이 되어도 더 이상 관계없이 살고 싶은 사람이 있을 것이다. 손해를 입었다고 해서 본인이 손해본 것만 생각하면 되겠는가. 분명히 손해만 보지 않았고 어떻게라도 도움도 받았을 것이다. 무조건 손해만 되는 일방적인 관계는 없다. 그렇다고 이익만 보는 경우도 분명 없다.

서로 미비하나마 도움이 되고 이익이 되고 손해도 보는 것이 관계이다. 그런데 남편의 그 친구처럼 지금껏 유지해오던 모든 우정, 배려, 사랑이 아니라 돈으로 관계된 이익만 따지는 사람이라면 그런 사람과는 당장 관계를 잘라내는 것이 맞을 것이다. 그 친구와의 관계가 끊어진다고 해서 모든 친구가 사라지는 것도 아니다. 그 친구가 없는 자리는 더 마음 따뜻하고 돈으로만 따지지 않는 좋은 친구가 채울 것이다.

인생의 긴 여정을 지나오면서 참 많은 사람과 관계를 맺고 살아왔다. 그 관계의 나무에 뿌리처럼 든든한 가족이 있다. 우리가 살아가는 힘이고 이유이다. 물론 관계의 나무 어딘가에 그 친구도 있었을 것이다. 그러므로 가지치기해서 잘라내는 것은 말처럼 쉬운 일은 아닐 것이다. 하지만 앞으로 살아갈 더 많은 날을 후회로 채우지 않으려면 당장 쳐내야 하는 가지는 과감히 잘라내야만 한다.

우리들의 주변에도 친구라는 이름으로 늘 나를 위하는 척하면서 괴롭히는 사람이 있을 것이다. 나를 아프게 하는 친구도 있을 것이다. 나를 힘들게 하는 가족도 있을 것이다. 직장에서도 가정에서도 혹은 사회에서도 당장 잘라내고 싶지만 참고 지내는 많은 관계들이 있을 것이다. 용기를 내어 과감히 지금 당장 가지치기를 해보자. 가지치기를 하는 일은 힘이 들고 아프고 괴로운 일이다. 하지만 시간이 지나면 알게 된다. 그때 잘라낸 가지는 내게 없어도 되는 가지였다 것을. 내게 더 보탬이 되고 위로가 되는 좋은 가지는 분명히 또 자란다는 것을. 그리하여 마침내 더 풍성하고 튼튼해진 관계의 나무가 되어 우리의 삶을 풍요롭고 행복하게 해줄 것이다.

07

완벽한 관계는 없다

형제자매는 자라면서 비교를 많이 당한다. 자신이 낳은 아이이고 어느 아이인들 다 소중하지만 부모도 사람이다 보니 어쩔 수 없이 비교하게 되어 있다. 쌍둥이라도 다 다른 기질과 재능을 타고나기 때문에 둘 이상 함께 키우다 보면 자연스레 비교된다.

공부 잘하는 형이나 누나가 있다면, 운동 잘하는 동생이나 언니가 있다면 그렇지 못한 나랑은 항상 비교 대상이다. 그러다 보니 형제자매는 늘 경쟁 상대이기도 하다. "형은 밥도 잘 먹고 공부도 잘하는데 너는 왜 그렇게 놀기만 하느냐?" 형은 엄마가 시키는 대로 잘하는 공부형이고,

동생은 몸을 움직이고 운동을 잘하는 기질을 타고났는데도 늘 형과 공부로 비교당한다. 특히, 타고난 기질이 달라서 비교당하면 억울할 때가 많다. 각자가 잘 할수 있는 분야가 다른데 늘 비교 대상이 되다 보니 억울한 경우가 많을 수밖에 없다.

한 집에서 같이 자라는 형제자매는 어쩔 수 없는 비교 대상이고, 라이벌이다. 그래서 부모님의 관심과 사랑을 받기 위해 선의의 거짓말도 하게 되는 경우도 많다. 내가 한 잘못을 동생에게 뒤집어 씌우거나 혼날 것이 두려워 안 했다고 거짓말하는 경우도 허다하다.

함께 자라면서 과자나 옷이나 모든 면에서 나눠야 하니 당연히 경쟁이 된다. 경쟁에서 지기 싫어서 억지를 피우고 떼를 쓰다가 혼나기도 한다. 그러면서 원하는 것을 혼자만 할 수 없고 나누고 같이 해야 한다고 배운다. 형제자매가 많은 집 아이들이 어른이 되어 사회에 나오면 사회생활을 어려워하지 않고 잘하게 되는 것도 여러 명의 형제자매에게서 배운 학습의 결과다. 다 그런 건 아니지만 혼자 자란 외동들과는 확연한 차이를 보인다.

요즘이야 원체 혼자 자라는 외동이 많다 보니 그러려니 하지만 우리 아이들이 자랄 때만 해도 외동은 흔치 않았다. 경쟁할 필요가 없는 외동들이 오히려 순하고 마음의 여유가 있다. 본인이 좋아하는 것이라도 아낌없이 나눠 준다. 혼자 노는 것보다 같이 노는 것이 좋으니 친구들과 놀고 싶어서 자기가 가진 것을 내어주며 친구를 만드는 것이다.

반면, 여러 명의 형제자매와 같아 자라는 아이들은 아침에 눈 뜨면서부터 경쟁이다 보니 알아서 밥도 잘 먹고 등교도 알아서 한다. 뭐든 잘해야 인정받고 관심받을 수 있으니 노력하는 것이다. 학교에 가서 친구들과도 잘 지낸다. 관심과 사랑받는 방법을 아니 친구들과 선생님과의 관계도 무난하다. 사람들 속에 섞여 살아가는 법을 일찍 깨우쳐서 눈치가 빠르다.

내가 자라던 시골에서는 보통 한 집에 형제자매가 네다섯 명은 예사였다. 어떤 친구네는 열한 명인 집도 있었다. 비 오는 아침에는 조금 늦게 일어나면 학교에 쓰고 갈 우산이 없다. 찢어지고 낡아 빠진 우산을 들고 가야 한다. 그런 날이면 부끄러워서 학교 가기가 싫다.

우리 집도 마찬가지였다. 원래 우리 남매는 2남 2녀였다. 그런데 병으로 일찍 돌아가신 큰아버지의 자식인 사촌 오빠 2명이 같아 살아서 총 6명이었다.

아침잠이 많은 나는 늘 우산이 없었다. 어떤 때는 비가 오겠다 싶으면 그 전날 밤에 멀쩡한 우산을 나만 아는 장소에 숨겨두곤 했다. 경쟁이 치열하니 어쩔 수 없었다. 아침밥은 못 먹어도 우산은 사수하고 있었다. 우리 집도 이런데 형제자매가 많은 다른 집은 더 치열하다.

그래도 나는 딸로서는 큰 딸이고 오빠 많은 집에 장녀여서 아버지의 특별한 사랑을 받았다. 삼십여 명이 넘는 사촌을 다 합쳐도 딸이 몇 명 안 되다 보니 아버지의 각별한 관심이 있었다. 늘 우리 집의 분위기는 나를 중심으로 돌아가고 있었다.

엄마나 오빠들이 아버지께 부탁이 있거나 돈 가져갈 일이 있으면 나에게 대신 말하게 하여 받아 가곤 했다. 웃긴 상황이지만 우리 집의 실세는 알고 보면 꼬맹이던 나였다. 나는 어릴 때는 비쩍 마르고 약한 아이였다. 늦게 얻은 귀한 딸이 몸이 허약하니 보약으로 말린 개구리나 지네 등을 많이 먹였다고 한다. 그 덕분인지 지금도 건강하여 아버지께 늘 감사한 마음이다. 반찬 투정이 심한 내가 밥을 안 먹고 있으면 아버지가 일부러 밥 맛없다고 하시며 아버지의 귀한 계란 반찬을 내게로 밀어주셨다.

소고기 국이 밥상에 올라오면 소고기만 숟가락에 골라서 내 국그릇에 넣어주셨다. 술을 좋아하시는 아버지를 위해 직접 캐온 조개로 시원한 조개국을 끓이면 조개만 골라서 내 밥그릇에 올려주셨다. 나에게는 무한 사랑을 보여주신 아버지다.

남들은 결혼하면 엄마가 보고 싶다는데 나는 언제나 아버지가 보고 싶었다. 사회에 나와서 힘들 때마다 아버지 생각이 많이 났다. 아버지의 자랑스러운 자식이 되고 싶었다.

다른 친구들은 아버지가 무섭다는데 나는 아버지가 젤로 좋았다. 우리 자식들 중 내가 아버지를 제일 많이 닮았다고 입버릇처럼 말씀하셨다. 어딜 가나 아버지 닮았다고 하면 아버지는 늘 흐뭇해하셨다. 아버지가 좋아하니 나도 좋았다.

학교 마치고 집에 돌아가는 길에도 아버지가 보이면 술집이든 밥집이든 들어가서 반갑게 인사했다. 그런 나를 사람들은 의아해했다. 보통의 시골 아버지들은 다 무뚝뚝하고 무서워서 나처럼 아버지와 친하게 잘 지내는 자식이 없다. 친구들은 아버지가 보이면 모른 척하고 도망가기 바쁘다. 그런 딸을 가진 아버지를 다른 아버지들은 부러워하셨다. 나는 어렸지만 나를 진심으로 사랑해주고 아껴 주는 아버지의 마음이 느껴졌다.

아버지를 실망시키는 일은 하고 싶지 않았다. 그래서 나의 일에 최선을 다하며 살았다. 세월이 많이 흘러도 늘 그 자리에서 나를 지켜주는 고마운 아버지였다. 늙고 병든 아버지였지만 늘 같은 눈으로 바라봐 주시는 아버지가 세상 무엇보다 든든했다.

너무나 든든하고 좋은 아버지가 아파서 힘들어하셨을 때는 나도 가슴이 많이 아팠다. 건강하게 늘 내 곁을 지켜주실 것만 같았지만 결국 병을 이기지 못하고 돌아가셨을 때는 상실감이 컸다. 나를 든든하게 지켜주고 사랑해주던 아버지를 잃은 슬픔은 나를 정말 힘들게 했다. 나는 지금도 아버지가 너무 생각나고 그립다. 아버지 생각만 하면 나 자신은 늘 어린아이가 되는 것 같다. 언제까지나 그렇게 아버지의 귀엽고 사랑스러운 딸로 살고 싶은 마음이다.

우리가 살면서 많은 관계로 이어져 살지만 부모자식 간의 관계만큼은 떼려야 뗄 수가 없는 관계이다. 내가 선택하여 내 마음에 쏙 드는 조건의 부모를 골라 태어날 수는 없다. 그러나 부모와 자식의 관계는 정말 사랑 하나만으로 해결 안 될 마음의 문제는 없다.

아버지가 평생 나에게 보내준 따뜻한 사랑의 눈빛은 아무리 험하고 어려운 일이 있어도 다시 일어나서 살게 하는 힘이다. 아버지의 든든했던 마음은 내가 자식을 품어 키우면서 어려움을 헤쳐나갈 수 있게 하는 사랑의 마음이다. 세상에 나를 내보내고 걱정했던 그 마음이 사회에 나가서 누구에게도 지지 않고 앞으로 나아가게 하는 힘이다. 지금은 안 계신 아버지이지만 생각만으로도 가슴 밑에서부터 힘이 솟아 올라온다.

이 세상에 부모와 자식만큼 완벽한 관계는 없다. 살아가면서 만나게 되는 어떤 관계도 부모와 자식의 관계보다 중요한 관계도 없다. 물론 어른이 되면 서로의 인생을 살게 되지만 부모님이 미치는 마음의 영향은 클 수밖에 없다. 그 어떤 관계보다 완벽하게 사랑으로 맺어진 부모와의 관계는 내가 세상을 살아가는 근본적인 힘이다.

08

관계를 지속하려고 더 이상 애쓰지 말자

"가장 중요한 것은 기회 잡는 것을 두려워하는 것이다. 가장 큰 실패는 시도하지 않는 것이다." 세상에는 좋은 말들이 넘쳐난다. 말들처럼 쉽게 할 수 있다면 얼마나 좋을까. 나는 머물러 있지 않고 호기심 많고 도전적인 사람이다. 늘 뭔가를 시도해보고 싶다. 기회를 잡고 싶다. 남들처럼 살고 싶지 않고 항상 남들이 생각 못 하는 일을 생각한다.

남편은 내가 어디로 튈지 모르는 공 같다고 한다. 이런 나의 호기심과 세상을 두려워하지 않는 마음은 어릴 때부터 해온 상상과 영화의 힘인 것 같기도 하다. 영화나 소설 같은 세상 사람들의 스토리를 좋아했다. 소설책을 읽으며 상상을 많이 했다. 영화를 보며 더 넓은 세상을 꿈꿔왔다.

일주일을 머리 터지게 일하고 쉬는 일요일 하루를 온종일 누워서 영화 보는 일로 시간을 다 쓰는 날이 많다. 요즘은 영화나 영화보다 재미있는 시리즈물을 한꺼번에 몰아 볼 수 있는 좋은 세상이다. 남들은 다 가는 휴가도 영화나 시리즈물 몰아보기로 보낸다.

어떤 날은 밥 먹는 것도 잊고 꼼짝없이 누워서 몰두해서 본다. 미국 드라마나 범죄 스릴러를 주로 많이 보는데 나의 상상력은 범인을 잡느라 온 정신을 집중한다. 최근에 재미있게 본 시리즈물은 멕시코 드라마였다. 하루 만에 36편을 몰아보기로 범인 잡기에 바빴다. 사람들은 웃을 일이지만 방 안에서 내가 할 수 있는 최고의 상상이다.

한순간의 욕망으로 사랑하는 가족을 잃고 힘들어하는 여자의 이야기였다. 다 계획되고 짜여진 덫에 걸린 것이었지만 많은 생각을 하게 하는 영화였다. 가족을 잃지 않으려고 한 거짓말이 더 큰 거짓말이 되고 급기야는 가족을 위험에 빠뜨리고 상처만 남기는 일이 되었다. 후회해도 늦었지만 늦게라도 진심으로 사과하고 용서하고 덜 상처가 되는 방법을 찾아서 서로 노력하여 행복을 찾아가는 스토리였다.

평범하게 살아가는 우리는 감히 상상도 할 수 없는 일이지만 실제로 그런 일이 일어나지 않을 것이라는 생각은 안 한다. 누구에게도 일어날 수 있는 일이다.

사회적으로 성공한 남편과의 관계를 지속하려고 거짓말을 하고 사회적으로 받을 비판이 두려워서 더 큰 거짓말을 한다. 급기야는 비밀이 들통날 것이 두려워 살인까지 한다. 살인자를 찾아내는 과정에서 드러나는 더 많은 비밀과 충격적인 관계들.

영화를 보는 내내 흥미진진했다. 사람들의 욕망은 돈과 권력과 사랑을 원했다. 그중에서 제일 큰 욕망은 사랑이었다. 사랑받고 사랑하며 살고 싶은 인간의 기본적인 욕구는 사람들이 가진 가장 큰 욕망이었다. 현대를 바쁘게 살아가는 사람들은 늘 사랑에 목마르다. 사회적으로 성공한 남편이라도 누구라도 갖고 싶은 예쁜 아내라도 사랑이 부족하다.

처음엔 다 돈으로 시작 되지만 돈으로만 끝나지 않는다. 돈으로 채워지지 않는 사랑의 욕망 때문에 모든 관계가 끝장난다. 거짓으로라도 지키고 싶었던 가족도 해체되고 서로에게 깊고 깊은 상처만 남긴다. 욕망을 버리던지 관계를 지속하려 하지 않았다면 더 큰 비극은 일어나지 않았을 텐데 안타까운 내용이었다.

비단 영화에서뿐만이 아니다. 우리가 살아가는 어떠한 순간이라도 관계로 이어져 있다. 힘들고 어려운 관계를 지속하려고 하다 보면 서로가 더 큰 상처가 될 수도 있다. 지속하기가 힘겨운 관계라면 한 발자국 뒤로 물러서서 생각해보고 관계의 끈을 느슨하게 놓아보는 것도 좋은 방법일 수 있다.

헤어지기 싫고 죽고 못 살 것 같던 연인도 부부가 되어 오랜 시간 살다 보면 힘겨운 관계가 된다. 연인일 때 보지 못한 면이 결혼하고 보니 실망스러울 수도 있고, 알지 못했던 이상한 성격을 발견하기도 한다. 폭력적이거나 지나치게 알코올에 의존하는 약한 면을 보기도 한다. 나와 맞지 않지만 현실에 안주하고 힘든 관계를 지속하려고 애쓰다 보면 어느 순간 한계가 찾아온다. 한계에 다다를 때까지 참지 말고 서로 대화하고 소통해서 서로가 행복해질 수 있는 현명한 방안을 모색해야 한다.

나도 몇 번의 이혼 위기를 경험했다. 남편은 남들이 보기에는 세상 다정하고 친절하고 좋은 사람이다. 남들 눈에 좋은 사람은 자신은 속으로 스트레스가 많다.

남들에게 좋은 사람으로 보이려면 자신이 노력을 많이 해야 하기 때문에 자기 안에 화가 많다. 밖에서 받아 오는 스트레스를 풀 길이 없으니 만만한 가족에게 짜증을 낸다.

특히, 나는 경상도 여자다 보니 말을 예쁘게 못 한다. 애교 섞인 말은 더더욱 못 한다. 화를 풀어주려고 애쓰지 않는다. 정당하게 화를 낸 것이 아니라면 따지고 든다. 사정이 이렇다 보니 싸움이 잦다. 좀 웃기는 주제이긴 해도 반찬으로 제일 많이 싸웠다. 남편은 반찬 투정을 많이 한다. 힘들고 어렵게 돈 벌어 오는 줄 알지만 나도 놀지 않는다.

어린 나이에 누구의 도움도 없이 연년생 아이 둘을 씩씩하게 키우며 살림도 하고 회사 일도 돕는다. 그런데 남편은 내가 무슨 슈퍼우먼인 줄 아는지 모든 것을 완벽하게 잘하기를 바란다. 반찬은 별로 해본 적이 없으니 깊은 맛을 내기 힘들었다. 매끼 다른 반찬을 하는 것은 더 어려운 일이다. 아이들을 업고 시장 봐다가 책을 보며 반찬 만드는 일은 어려운 일이었다. 늘 밥상 앞에서 불만인 남편이 정말 미웠다.

다른 집 남편들은 계란프라이만 해줘도 밥 한 그릇 뚝딱이라는데 남편의 반찬 투정은 나를 너무나 힘들게 했다. 그런 남편이 너무 미워서 이혼을 각오하고 식탁을 엎은 날도 있었다. 나도 성격이 보통은 아닌 것이 맞다.

그런 날이면 더 이상 관계를 지속하고 싶지 않았다. 사랑하는 마음만으로 살 수 있는 건 아닌 것 같았다. 사랑한다면 반찬으로 저렇게 화를 낼 수는 없다고 생각했다.

얼마 지나지 않아 금방 화내서 미안하다고 사과한다. 사과할 때 말을 들어보면 낮에 힘든 일이 있었거나 안 그래도 여린 마음에 상처받는 일이 있었다. 남편도 나도 어리고 철이 없어서 감정에 받쳐 싸우긴 하지만 솔직하게 말하고 사과하면 바로 풀리곤 했다. 그런 날에는 둘이 부둥켜 안고 많이 울기도 했다. 서로에게 상처가 되는 말을 했고 행동해서 후회는 되지만 서로에게 미안해서 울었다. 서로에게 힘이 되어서 의지하며 울었다.

요즘은 미디어가 잘 되어 있어 육아도 좀 수월하지만 우리가 아이들을 키울 때는 책을 보고 키웠다. 아무것도 모르고 아이들을 키우다 보니 시행착오도 많았고 힘든 일도 많았다.

남편과 나는 서로를 많이 의지하다 보니 조금만 서운한 일이 생기면 바로 화를 내고 싸우곤 했던 것 같다. 관계를 지속하기 힘들 정도로 사랑이 식었다면 이혼해도 벌써 열 번은 했을 것이다. 사랑의 힘으로 지속된 관계가 틀림없다고 생각하며 살아간다.

영화에서나 나올 법한 대단한 사람들이 아니어도 우리의 일상에서도 관계를 지속하기 어려운 관계가 있다면 너무 힘들어하지 말고 애쓰지 말자. 부부처럼 가까운 관계에서도 마음으로부터 작은 균열이 일어나면 점점 대화가 없어지고 소통이 되지 않는다. 시간이 지날수록 서로에게 무심해지거나 서운한 마음이 깊어지면 마음을 접게 된다.

사람들이 살아가는 기본적인 사랑 받고 사랑하며 살고 싶은 욕구가 채워져야 한다. 그래야 행복한 삶을 살아갈 수 있다. 사랑하며 사는 일은 누구에게도 중요한 일이다. 가족 간에 관계도 마찬가지고 부부간에도 서로 관계에 대해 생각해 볼 시간이 필요하다. 사랑하며 살아가는 가족은 행복하다. 사랑하며 사는 부부도 행복하다. 그런 사람들은 사회에 나와서 직장에서도 친구들과도 좋은 관계를 유지하며 살아갈 확률이 높다. 사랑하며 사는 가족 속에서 자란 아이들은 사랑하며 행복하게 사는 법을 몸으로 배운다.

나를 힘들게 하거나 어려운 관계는 더 이상 지속하려고 애쓰지 않아도 된다. 좋은 관계만 유지하고 살아도 충분하다. 내가 힘들면 그 관계는 잠시 내려놓고 내 마음부터 챙기자. 나의 행복이 중요하다. 나의 마음이 중요하다. 나의 마음 다치지 않게 상처받지 않게 사는 것이 중요하다. 나보다 중요한 것은 이 세상에는 없다.

힘든 관계에 연연하지 말고 더 나은 관계를 만들 수 있는 기회를 잡아 보자. 실패하지 않는 삶을 살아가려면 다른 일을 시도해보고 도전해보자. 남들과의 관계에 매달리지 말고 나의 인생을 살아가는 것에 초점을 맞추고 더 이상 힘든 관계 때문에 애쓰지 말자.

HUMAN RELATIONS CLEAN UP!

3장

친하더라도 당장 손절해야 하는 7가지 유형

01

말마다 부정적인 단어만 쓰는 유형

내가 좋아하고 자주 하는 말 중에 "내일은 내일의 태양이 뜬다"가 있다. 나는 이 말을 정말 좋아한다. 어릴 때 본 영화 〈바람과 함께 사라지다〉에서 힘든 일이 있을 때마다 여주인공인 스칼렛 오하라가 외치던 말이다.

이 말에 반해서 여주인공 스칼렛 오하라 역을 맡은 비비안 리를 정말 좋아했다. 강단 있고 야무지면서도 따뜻한 마음을 가진 스칼렛이 전쟁과 고난을 겪으면서도 씩씩하게 살아가는 매력에 푹 빠져서 기회가 있을 때마다 보고 또 봤다. 지금도 이 말은 자주 하는 말 중에 하나다.

"오늘만 살자. 내일은 내일의 태양이 뜨니깐."

힘든 일이 생기거나 어려운 일이 생기면 혼자 차 안에서 주먹을 쥐고 외치기도 했다. 사람들은 누구나 자신이 좋아하는 말이나 자신에게 힘이 날 수 있게 하는 인생 명언이 있을 것이다. 나에게도 그런 말이 몇 가지 있는데 이 말이 농담처럼 진담처럼 나 자신에게 제일 많이 힘이 나게 하는 말이다.

남들에게 다 말하지 못하는 어려움이 나에게도 있다. 최근 몇 년 동안 정말 혼자 힘든 순간마다 외치고 외쳤던 말이다. 나를 살게 하는 인생 명언이라고 해도 과언이 아니다.

사람들과 살아가면서 친하더라도 당장 손절하고 만나지 말아야 하는 사람이 있다면 단연코 부정적인 말을 많이 하는 사람이라고 생각한다. 말마다 부정적인 말을 하는 사람과 함께 있으면 힘들고 지치고 에너지가 빠져나가서 바람 빠진 풍선이 되는 것 같다. 부정적으로 말하는 사람을 멀리해야 하는 이유다.

같은 상황이라도 긍정적으로 말하는 사람과 부정적으로 말하는 사람의 대처 방법은 천지 차이다. 약속 시간까지 1시간이 남았다고 치자, 긍정적인 사람은 1시간이나 남았다고 말한다. 반면, 부정적인 사람은 1시간 밖에 없다고 차가 막히면 어쩌나, 시간 안에 도착하지 못하면 어쩌나 걱정한다. 부정적인 사람은 앞으로 다가올 미래가 늘 불안하고 걱정이다. 부정적인 사람과 대화하면 나도 불안해진다. 생각해보지도 않은 일을 말한다.

부정적인 사람이 사는 세상은 불평불만이 많다. 제대로 된 것이 없다. 모든 것이 불만 투성이다. 나를 중심으로 돌아야 하는 세상인데 나만 빼고 도는 세상이다.

사람 좋아하는 내가 손절한 몇 안 되는 사람 중에 그런 사람이 있었다. 말마다 "나는 못 한다, 어떻게 그렇게 해, 나는 못 해, 왜 그렇게 하니" 등등 '못 한다'가 주로 쓰는 단어인 사람이었다.

그 친구와 함께 있으면 할 수 있는 일이 아무것도 없었다. 처음에는 성향이나 성격이 달라서 그럴 수도 있겠다 싶었다. 그런데 아니었다. 겁이 많고 부정적인 사람이라서 내가 너무나 힘이 들었다. 나와는 정반대의 성격이라 도저히 맞추는 건 무리였다.

같은 아파트에 살던 친구인데 남편의 직장이 서울로 가야 하는 바람에 자연스럽게 멀어져서 참 다행이라 생각했다. 이사 간 후로도 간간이 소식도 전해 오고 친정인 부산에 오면 만나자고 했지만 이 핑계 저 핑계 대면서 피하게 되었다. 생각해보면 나름의 손절이었다.

말마다 긍정적이고 좋은 말만 하는 사람들은 다르다. 같은 모습이라도 칭찬하고 예쁜 말을 하니 말대로 된다. 마음에 여유가 있고 밝고 좋은 에너지가 넘친다. 긍정적으로 생각하고 잘 될 거라 믿으니 모든 것이 다 잘 된다. 좋은 일이 많이 생긴다. 생각하는 대로, 말하는 대로, 우리가 상상하는 대로 현실이 된다고 한다. 늘 좋게 생각하고 긍정적인 말을 하니 좋은 일이 많이 일어난다.

모임에도 나가 보면 부류가 있다. 긍정적이고 밝은 부류는 얼굴이 예쁘다. 이목구비가 예쁜 미인은 아닌데 이상하게 예뻐 보인다. 말마다 칭찬이고 말마다 배려하고 격려하는 말이다.

남들에게 좋은 이미지를 주니 사람들에게 사랑받고 사랑하며 잘 지낸다. 사람들과의 관계도 좋아서 늘 웃음이 끊이질 않는다. 주위에 사람이 모여든다.

반면, 부정적인 사람은 얼굴이 어둡다. 걱정이 많다. 사람들의 칭찬도 부담스럽다. 모든 것이 불만이다. 그러다 보니 모임에 나오는 것도 겨우 겨우 억지로 나온다. 사람들의 관심도 싫다. 많은 사람들 속에 있지만 혼자 있는 듯 외롭고 어색하다. 좀처럼 사람들과 친해지기 어렵다. 성향이 그런 것도 있지만 살면서 얼마든지 바꿀 수 있는데 왜 그렇게 어렵게 사는지 모르겠다.

보통 흔하게 혈액형으로 사람들의 성격을 대충 짐작하는 경우가 많다. 과학적으로 타당하다고 생각하는 건 아닌데 아주 틀리다고도 생각하지 않는 편이다.

걱정이 많고 불안함이 많은 A형을 가진 사람들이 부정적이라는 말을 듣는 편인 것 같다. 나는 B형이라 별로 걱정은 안 한다. 내일은 내일의 태양이 뜬다고 믿고 배불리 먹고 푹 자는 편이다. 부부는 반대의 성향을 가진 사람들이 만난다고 하던데 남편이 A형이라 그 말이 얼추 맞는 것 같기도 하다.

남편이 부정적이라는 말이 아니다. 다만, 걱정이 많고 작은 일에도 신경을 많이 써서 스트레스가 많은 사람이다. 스트레스가 많고 걱정이 많으니 부정적으로 보일 때가 많다.

둘의 정반대 성격 때문에 서로 힘들다. 같은 말만 반복되고 대화가 안 된다.

나는 내 생각에 되겠다 싶으면 무조건 된다고 밀어 부치는 성격이고 남편은 돌다리도 두드려 보고 건너자고 하는 스타일이다. 그러다 보니 자주 부딪힌다.

긍정적인 것과 부정적인 것의 대립이 아니라 성격상의 문제인데 결국은 싸움으로 발전한다.

남편이 아니라도 누구와도 의견이 다를 수는 있는데 부부라서 더 이해 못하는 것 같다. 내 생각을 이해해주지 않는 것 같은 서운함이 커서일 것이다. 서로 상처뿐인 의견 대립이다. 좋게 생각하면 다 잘 될 것인데 왜 그렇게 걱정인지 도대체 이해가 안 된다. 초긍정 마인드인 나와 걱정이 많은 남편은 늘 서로 안 맞다고 생각한다.

걱정한다고 될 일이 안 되고 안 될 일이 된다고 생각하지 않는다. 우리가 걱정하는 일의 90% 이상은 일어나지 않는다고 한다. 뭘 그리 걱정하고 불안해하는지 모르겠다. 나는 걱정하지 않고 해결책을 찾는다. 다 해결할 수 있다고 단정 짓고 무조건 해결하려고 애쓴다. 다 해결된 모습을 상상한다.

말마다 부정적인 사람들은 걱정이 많다. 스무 살이 넘은 다 큰 딸의 귀가가 조금만 늦어져도 별 생각이 다 든단다. TV에서 본 범죄가 떠오르고 교통사고가 상상되고 너무나 걱정된다고 한다. 나는 그 말을 들으면서 정말 한심하단 생각을 했다.

도대체 왜 일어나지도 않을 일을 혼자 상상하며 힘들어하는 것인지. 자신의 걱정이 자신을 더 나약하게 만들고 있다는 것을 왜 모르는지. 꽃다운 예쁜 딸이 남자친구라도 생기면 그 걱정덩어리는 어떻게 하려고 그러는지.

나는 그런 일은 절대로 일어나지 않는다고 말해주었다. 그런 일은 흔한 일이 아니라고 말해주었다. 자식은 믿어주는 만큼 자란다고 했다. 자신의 걱정으로 자식의 인생을 망치지 말라고 충고해주었다.

부정적인 단어는 쓰지 않으려고 노력하고 좀 더 긍정적으로 생각하고 말하려고 노력해보면 어떨까. 같은 상황이라도 긍정적으로 말하는 습관을 들이면 우리의 인생도 긍정적으로 바뀌고 미래도 달라질 수 있다.

긍정적인 말을 하면 사람들과의 관계도 부드럽고 편하고 쉽다. 주변에 사람도 많아져서 더 이상 외롭지 않고 더 풍요롭고 행복한 삶이 될 수 있다. 이제 주위에서 부정적인 말만 하는 사람은 친하더라도 당장 손절하고 긍정적이고 밝은 사람과 가까이 지내려고 노력해보자.

우리 삶이 전혀 다른 방향으로 흘러갈 수도 있다. 이제 걱정은 조금씩

내려놓고 좋은 생각, 긍정적인 상상만 하자. 상상한 대로 곧 우리 앞에 현실이 되어 나타날 것이다.

02

남이 잘되는 꼴을 못 보는 시기 · 질투 유형

크고 멋지고 넓은 집에 사는 지인의 초대로 집 구경을 가게 되었다. 처음 초대받았을 때는 무슨 선물을 들고 가야 할지 한참 고민되었다. 그렇게 크고 좋은 집에는 부족한 게 없을 것 같았다. 초라하게 작은 것을 들고 가면 안 어울릴 것 같고 그렇다고 너무 비싼 것 사기에는 부담되었다. 고민 끝에 인테리어나 개인의 취향과 관련 없는 음식을 가져갔다.

나의 예감은 적중했다. 크고 좋은 집이지만 먹을 것은 부족했다. 집을 둘러보며 언젠가 나도 이런 집에 살고 싶다는 생각을 여러 번 했다. 호텔처럼 멋진 집을 보니 우리 집이 너무 초라하게 느껴졌다. 처음엔 격하게 부러웠다. 시간이 지나고 분위기가 무르익었을 즈음엔 남편이 미워졌다. 우리 남편은 왜 나를 이런 곳에 살게 해주지 못하는지 원망스러웠다.

그러다가 어느 순간 너무나 질투가 났다. 좋은 마음으로 초대해준 지인이 너무나 질투가 났다. 내 안에 있는 악마가 질투를 불러내어 내 마음을 헤집어놓았다.

우리도 열심히 돈 벌어서 이런 집을 사야지 하는 마음보다 이렇게 멋진 집을 장만했다고 자랑하는 지인에게 질투가 나서 내 마음이 지옥이었다. 집으로 돌아오는 차 안에서 내내 화가 났다. 너무 부러워서 질투 나고 그런 내가 싫어서 화가 났다. 남편은 조금만 기다리면 저기보다 더 좋은 집에 살게 해준다고 큰소리치지만 그러기 힘들다는 걸 내가 더 잘 안다. 빈말이라도 약간은 위로가 되니 다행이었다. 오래된 살림살이와 여기저기 옷가지가 흐트러진 우리 집이 왜 그리 초라해보이던지.

질투는 나의 힘이라는 말을 하고 사는 친한 친구가 있었다. 그때는 그 친구가 웃긴다고 생각했었다. 그런데 나이가 들어가고 남들과 비교되어 초라해진 나 자신을 보면 질투라도 해야 발전하고 나아지는 인생이 되지 않을까 싶다. 오늘의 질투가 나를 더 발전시키는 힘이 되었으면 하는 마음이 들었다.

잠깐의 질투는 나의 삶을 발전시키는 힘이라도 되는데 사람에 대한 오랜 시기와 질투는 병으로 이어지기도 하고 집안을 망치기도 한다. 독이 된다는 말이다.

내가 가지지 못한 것을 부러워하는 것은 인간의 당연한 심리이지만 그런 마음이 커져서 욕심이 되면 나와 내 주변을 힘들게 한다. 분수에 맞지 않는 것을 가지려 하고 남이 가진 것을 시기 · 질투하는 사람은 멀리해야 하는 사람의 유형이다.

부모님을 일찍 여의고 혼자 씩씩하게 살아가던 여자가 있었다. 다행히 부모님이 물려주신 약간의 재산이 있어 사는 것이 팍팍하진 않았지만 늘 외로웠다. 충분하진 않았지만 아껴가며 학비도 대고 간간이 아르바이트도 해서 대학교를 졸업했다.

좋은 곳에 취직하여 평범하게 살고 싶었지만, 부모님의 부재는 취직이 안 되는 아주 중요한 요소였다. 부모 형제가 없다는 이유로 번번이 낙방의 고배를 마셔야 했다. 성실하고 일 잘하면 될 줄 알았는데 취직은 생각보다 어려웠다. 친척들을 만나도 늘 불쌍하게 보는 눈빛이 싫었다. 그래서 명절에 친척 집에 가는 것도 더 이상 하지 않게 되었다.

마음에 맞는 친구와 오랫동안 생각해오던 일을 창업했다. 다행히 일은 잘되어 돈도 벌고 친구가 있어 외롭지 않았다. 그런데 함께하던 친구가 결혼하고 임신과 출산이 이어지면서 혼자서 회사를 운영해야 하는 상황이 되었다. 아이 키우고 살림하는 친구와는 라이프 스타일이 다르니 점점 멀어지는 것을 느꼈다.

사는 것이 의미 없고 외로워질 때쯤 한 남자를 만났다. 이혼한 지 얼마 되지 않은 남자였다. 남자도 가정을 잃은 상실감과 외로움을 겪고 있어 둘은 금방 사랑의 불씨가 튀었다. 남자의 부모님께 인사 드리고 간단하게 결혼식도 올리며 행복한 미래를 꿈꿨다. 남자에게는 단란한 가정을 이루고 사는 두 살 많은 형님이 계셨다. 건강하게 잘 자라준 아들 하나, 딸 하나를 두고 부부가 열심히 일하며 알콩달콩 잘살고 있었다.

열심히 노력하여 딸 하나를 낳았다. 눈에 넣어도 안 아플 예쁜 딸을 낳고 부모님 생각이 많이 났지만, 성심껏 돌봐주고 잘해주는 형님네가 있어서 서러움이 덜했다.

아이가 자라고 세 살쯤 되었을 때 남편의 일이 어려워져서 형님 회사에서 일하게 되었다. 처음엔 가족이니 고맙기도 하고 든든하기도 하였다. 형님네 부부는 세상없이 따뜻하게 대해주었고 친정이 없는 여자에게는 언니처럼 일일이 챙겨주어 세상 부러울 것이 없었다.

그런데 사람의 마음이 간사하여 아직 불안정하고 술만 먹으면 전 부인과 아이들 타령만 하는 남편이 슬슬 미워졌다. 가족 없이 혼자 살아서 지금 이룬 가정이 너무 소중한데 어린 딸 앞에서 술 마시고 주정 부리는 꼴을 보니 화가 났다. 화가 나면 형님네 부부에게 전화해서 속상한 마음을 풀곤 했다. 그럴 때마다 편안하게 내 편을 들어주는 형님네 부부가 인간적으로 너무 좋았다. 이미 단단하게 자리 잡은 형님네 가정이 너무나 부러웠다.

일도 잘되고 가정도 안정되고 아이들도 다 커서 손 안 가는 형님네처럼 되고 싶었다. 그런 형님네를 시부모님은 너무 든든해 하셨고 아낌없이 예뻐하셨다. 여자가 아무리 잘해도 세월 속에 들어 있는 정은 무시 못한다. 정으로 뭉친 완전한 가족으로 보였다.

살아가면서 점점 비교되었다. 부모님의 아낌없는 사랑을 받아본 적이 없으니 어떻게 표현해야 하는지도 모르겠다. 그래서 물량 공세를 했다. 좋다는 표현을 옷이나 신발이나 가정용품을 사다 주는 것으로 했다. 받은 가족들이 좋아하니 만족했다. 그런데 그것만으로 이 이상한 허전함을 채울 수가 없었다. 어느 순간부터 시기와 질투가 온 마음을 사로잡았다.

너무 질투가 났다. 단란하고 행복해보이는 형님네를 파탄 내고 싶었다. 나에게 피해는커녕 도움만 주는 고마운 형님네지만 질투가 나서 미치겠다. 망치고 싶었다. 시부모님도 아이들도 다 망치고 싶은 마음만 가득했다. 악마가 여자를 지배했다. 본인들은 다치지 않고 형님네만 망칠 기회를 보고 있었다. 승승장구하던 형님네 회사를 뺏어야겠다는 생각에까지 도달했다. 계획을 잡고 실천에 옮겼다.

착하게만 살던 형님네는 초상집이 되었고 어떻게 알게 되었는지 형님이 남편에게 난리를 친다. 인연을 끊고 살자고 하고 연락을 두절했다. 부모님께도 가지 않았다. 생각보다 마음은 편치 않았지만 목표 달성했다. 그러나 여자는 다시 외로워졌다. 잘 자라던 아이도 건강에 이상이 생겼다. 다섯 살이 넘도록 말을 하지 못한다. 병원에 데려가서 원인도 찾아보고 센터에 다니며 치료도 해보지만 나아지지 않는다.

여자의 다스리지 못한 시기와 질투심 때문에 일이 커졌다. 마음만 잘 다스렸어도 평생 따뜻하고 든든하게 살 수 있었는데 자기 발로 복을 찼다. 여자는 외롭게 살았어도 아이만큼은 할아버지 할머니가 있고 큰아빠 큰엄마 오빠와 언니가 있어 북적거리는 화목한 집에서 자랄 수 있었는데 여자의 못된 시기심으로 자기 아이의 미래도 망쳤다.

형님네는 금방 다시 일어서겠지만 다시 든든한 그 가정으로 돌아갈 수는 없을 것이다. 아이가 입을 다문 이유가 무엇일까. 여자의 시기와 질투가 많은 사람의 인생을 망쳤다. 제일 큰 피해자는 여자의 하나뿐인 아이다. 후회의 눈물을 흘려도 소용이 없다. 아이가 입을 열고 하루빨리 세상 밖으로 나오길 바랄 뿐이다.

질투는 사람을 발전되게도 하고 망치게도 한다. 질투 나는 상대를 본받아 더 발전되어야겠다는 생각이 드는 사람은 발전하는 것이고, 질투에 눈이 멀어본인뿐만 아니라 주변에 있는 사람들까지 망치고 힘들게 하는 사람도 있다.

시기 · 질투가 많은 유형의 사람은 언제 무슨 일로 질투가 나서 변할지 모른다. 상대방이 잘 되는 꼴을 못 보는 시기 · 질투형은 언제든 안전핀을 뽑을 준비가 되어 있는 수류탄을 들고 있는 사람과 같다. 나에게는 없는데 다른 사람이 가지고 있는 것을 부러워한다.

부러워만 하는 것이 아니라 가지고 싶어 하는 데서 일이 생긴다. 앞에 소개한 여자처럼. 적당한 시기와 질투는 나를 발전시킨다. 사랑하는 남녀 관계에서도 적당한 질투는 더 깊어지는 사랑으로 변할 수 있는 기회가 된다.

그러나 지나친 시기와 질투는 나를 포함한 모든 주변 사람에게 피해가 된다. 그런 사람의 마음이 편할 리가 없다 지옥이다. 마음이 지옥인 사람을 가까이하면 정말 피곤하고 힘들어진다. 친하더라도 당장 손절해야 하는 사람은 남이 잘되는 꼴을 못 보는 시기 · 질투유형이다. 나를 힘들게 하는 시기 · 질투형 인간들은 단장 손절하자.

03

우유부단하고 갈팡질팡하는 유형

차를 운전하고 갈 때 신호대에서 내가 지나가는 순간 노란불이 켜지는 경우가 왕왕 있다. 좀 멀리에서는 그냥 서지만 이미 정지선을 지나고 있다면 그냥 지나가는 게 맞다. 그런데 정지선을 지나서 빨간불이 켜졌다고 중간에 서면 어떻게 되겠는가. 나로 인해 사고가 날 수도 있고 교통의 흐름이 막힐 수도 있다. 가던 길은 가야 한다.

갈까 말까 하면 가는 게 맞고 할까 말까 하면 해야 한다고 생각한다. 그런데 그렇지 못하고 갈팡질팡하며 사람 힘들게 하는 유형의 사람들이 있다. 누구에게도 피해가 되지 않도록 배려한답시고 우유부단하여 모든 사람을 힘들게 하는 유형의 사람들이다.

우유부단하고 갈팡질팡하는 사람들은 주변 사람을 정말 힘들게 하고 피곤한 유형의 사람들이다.

직장에서 점심시간에 점심 메뉴를 고를 때가 제일 어렵다. 같이 먹는 팀원이 5명이라면 회사 근처에서 질리지 않고 적당한 가격에 5명이 다 만족할 수 있는 메뉴를 고르기는 정말 어렵다. 나이도 성별도 다르고 좋아하는 식성이 다른데 메뉴는 회사 근처에서 골라야 하니 매일 점심 메뉴 고르는 일이 대형 프로젝트보다 더 힘들 때도 있다. 그리고 메뉴 고를 때 제일 어렵게 하는 동료는 "아무거나 나는 잘 먹어요." 하는 사람이다.

본인이 원하는 걸 말로 하면 되는데 자기는 아무거나 잘 먹는다면서 막상 식당에 가면 이것저것 마음에 안 드는 것만 지적한다. 자신은 모두를 위해 희생했다고 착각할지 모르지만 다른 팀원들의 생각에는 진짜 우유부단한 사람이고 밉상이다. 도대체 왜 그러는지 이해가 안 된다. 그럴 거면 그냥 따로따로 먹으면 될 텐데 꼭 같이 먹는다.

내가 한참 사업에 관심이 많을 때는 점심 메뉴 골라주는 앱을 개발해 볼까 하는 생각도 했었다. 왜냐하면 우리 회사도 매일 하는 고민이라서다.

그래서 처음에는 내가 직접 점심을 해주었다. 어차피 회사 직원이라 해봐야 대여섯 명이고 매일 메뉴를 정해서 시간 맞춰 나가서 먹는 일도 힘드니 그냥 회사에서 전기압력밥솥을 사서 밥을 했다. 우리 부부는 내가 하는 반찬이니 입맛에 맞아 좋지만, 직원들은 집에서도 먹는 집밥을 회사에서도 먹으니 질리는지 외근을 핑계로 나가서 먹고 오는 경우가 잦았다.

나도 매일 반찬 만드는 것도 힘들고 해서 다시 사 먹기로 하고 점심시간에 메뉴 고르는 어려운 일을 다시 시작됐다.

비가 오거나 날씨가 궂으면 국밥이나 칼국수를 먹고, 평상시에는 한식위주로 먹었다. 점점 시간이 지날수록 메뉴가 바닥이 났다. 주변이 공장지역이라 몇 개 안 되는 식당은 점심시간이 되면 자리가 없고 우리는 먹을 메뉴가 없었다. 직장생활에서 점심은 엄청 중요한 일이기 때문에 소홀히 할 수 없다. 특단의 조치가 필요했다.

그래서 한 사람씩 돌아가며 메뉴를 정하기로 했다. 먹기 싫어도 그날은 금액에 상관없이 메뉴에 상관없이 무조건 정하는 대로 먹기로 했다. 매일 아무거나를 외치던 사람도 자기 차례가 오면 신경을 쓰고 식당도 알아보는 등 성의를 보였다.

한 달쯤 지나니 이것도 약발이 떨어졌다. 한 사람은 자기 차례가 돌아와도 자기 차례 아니라고 발뺌이고, 한 사람은 같은 메뉴 같은 식당만 고집한다. 그래서 다시 원점이다. 아무거나만 말하던 직원은 여전히 잘 안 먹고 불만이다. 아무거나 먹는다 했으면 아무거나 나오는 대로 먹어야 하는데 몇 숟가락 먹고 나가버린다. 이 식당에 가자고 한 나도 불편하고 밥이 안 넘어간다. 본인은 싫어도 남들이 가니깐 그냥 간다고 남들을 나름 배려하는 마음에서 간다. 그런데 안 먹고 나가버리면 같이 간 사람들은 마음이 편치 않다. 우유부단하여 상대방이 불편한 경우다. 본인이 좋아하는 데로 가자고 말을 하면 될 것을.

물론 먹고 싶은 것이 딱히 없고 좋아하는 음식이 없을 수도 있다. 그러면 불만 없이 같이 먹어야 하는 것이 사회생활 아닌가. 우리가 볼 땐 다른 동료들에 대한 배려가 없는 행동이다. 그러나 본인의 생각에는 자기 하고 싶은 대로 하지 않고 모두의 의견을 존중한 배려의 마음이라고 생각한다.

이 아무거나 직원처럼 착하고 남에게 폐끼치는것이 싫은 사람들이 자주 저지르는 실수가 우유부단하여 다른 사람들을 힘들게 하는 것이다. 마음이 여리고 착한 사람들이 상대방의 의견을 존중하고 배려하는 데서 이런 우유부단함이 나온다.

그 직원뿐만이 아니라 우리 남편도 그렇다. 마음 여리고 착한 사람 콤플렉스가 단단히 박힌 이 남자는 뭐든지 아내 보고 고르라고 한다. 어쩌다 가족외식이라도 하면 내 먹고 싶은 걸로 정하라고 한다. 그런데 식당 가면 불만이다. “날씨가 흐린 날은 회를 먹으면 안 된다.”, “돼지갈비는 먹다 남은 질 낮은 고기를 양념한 것이다.”, “스테이크는 수입 소고기다.” 오만가지 못 먹을 이유를 댄다. 음식뿐만이 아니다.

옷이며 신발이며 집이며 차며 뭐든지 자신의 의견은 없다. 내보고 고르라고 해놓고 불평불만이 많다. 옷도 신발도 사주는 대로 입는다 해놓고 조금이라도 스타일이 안 맞거나 크거나 작아도 아예 안 입는다. 이거는 이래서 저거는 저래서…. 모든 것이 불만이다. 그러면 본인이 고르면 될 것을 왜 나에게 떠넘기는지 모르겠다. 남 앞에서는 자신의 의견을 못 내세우고 만만한 마누라 앞에서만 불만을 늘어놓는다.

맞는 옷 고르기가 어려워서 옷을 사러 같이 갔다. 두세 벌의 바지를 입어보더니 고르지를 못한다. 매장 직원이 골라주는 것도 싫다 하고 내가 골라주는 것도 뭔가 맞지 않는다고 불만이다. 여러 곳의 매장을 둘러보고도 바지 한 벌을 못 샀다.

얼마나 우유부단하고 갈팡질팡하는 것이 짜증이 나던지 결국 나는 화를 냈다. 둘이 싸우고 각자 집으로 다른 시간에 돌아왔다.

나와는 정말 다른 성격이다. 나는 마음에 들면 그냥 쉽게 산다. 100점 만점에 60~70점만 되도 만족하고 나머지는 신발이나 가방이나 집에 있는 다른 옷으로 맞추면 된다고 생각한다. 이 우유부단한 남편은 95점 이상이 되어야 만족하는 것 같다. 까다롭고 힘든 유형이다. 맞춤옷이 아니니 100점 맞기는 힘들 것이고 95점 이상이 되어야 한다고 한다.

기성복은 사이즈 별로 나오기 때문에 본인 몸에 딱 맞추기는 힘들다. 그럼 본인 몸이 마네킹 같은 몸이 되어야 가능한 일이라고 말했지만 결국 못 사고 시간과 힘만 들어서 본인만 손해다. 함께 가준 아내가 흘기는 눈에 섞인 짜증은 본인에게는 더 큰 손해로 돌아온다.

우유부단하고 갈팡질팡하는 사람은 여리고 남을 배려하는 마음이 많다. 누구에게도 피해주고 싶지 않아서 갈팡질팡한다. 서로에게 다 좋은 쪽으로 생각하다 보니 우유부단해보인다.

사람들은 그렇다는 걸 잘 알지만 그래도 그런 사람들 때문에 힘들다.

미움받거나 원망 듣더라도 본인의 말을 하면 차라리 좋겠다. 그러면 상대방이 결정하기 더 수월하다. 할까 말까 갈까 말까로 주변에 있는 사람이 힘들다면 앞으로는 어느 쪽으로라도 결정하고 책임지는 모습을 보여주면 좋겠다. 아무거나 직원도 나의 남편도.

좋은 사람 착한 사람보다 오늘은 무얼 먹을 것인지, 어떤 옷을 입고 싶은 것인지 자신의 의견을 말하는 사람이었으면 좋겠다. 친하더라도 당장 손절해야 하는 유형의 사람 중에 우유부단하고 갈팡질팡하는 사람은 조금 더 지켜봐 주고 이해해주고 싶은 유형이다.

원체 착하고 남에게 피해주고 싶지 않은 생각이 커서 우유부단한 것이고 갈팡질팡 결정을 못 하는 사람이 대부분이니 주변에 그런 사람들에게는 쉽게 결정할 수 있도록 더 배려해주어야 할 것 같다. 아주 작은 것부터 본인의 생각대로 결정하는 방법을 찾아주는 것도 좋은 방법이다. 남의 눈치 보며 우유부단하게 행동하지 말고 용기를 내서 자신의 목소리를 내어 보자. 좋은 쪽으로만 결정하지 않아도 된다. 어느 쪽이든 갈팡질팡하지 말고 방향을 잡아서 결정하는 사람이 되어 보자.

누구나 실수하고 누구나 결정할 수 있는 권리는 있다. 노란불이 켜져도 정지선을 지났다면 멈추면 안 된다.

04

거짓말을 진실처럼 말하는 유형

우리가 살아가면서 가장 멀리해야 하고 당장 손절해야 하는 사람은 어떤 유형의 사람일까? 나는 단연코 거짓말하는 사람이라고 말 할 수 있다. 거짓말을 하다 보면 어느 순간 진실인 것처럼 느껴지는 사람이 있다. 엄청나게 무서운 사람이고 살면서 가장 만나지 말아야 하는 사람이다.

나는 사람은 언제나 진실해야 하고 진심이어야 한다고 생각한다. 거짓말은 시간이 지나면 들통나게 되어 있다. 내가 제일 싫어하는 사람은 거짓말하는 사람이다. 거짓말을 안 하고 사는 사람은 없겠지만 대부분은 착한 거짓말이라고 하는 하얀 거짓말이거나 남에게 피해가 안 되는 작은 거짓말일 것이다.

사소하고 작아서 남에게는 전혀 피해가 없거나 상처가 되지 않는 거짓말은 누구라도 조금씩은 하고 살아간다. 예를 들어, 오랜만에 만난 지인이 너무 늙었거나 모습이 초라해졌어도 "여전하시네요, 늙지도 않으시고 여전하신 비결이 무엇입니까?"라는 보이는 것과 반대되는 거짓말을 할 때도 있다. 이런 거짓말은 해도 되는 착한 거짓말이다. 듣는 사람은 거짓말인 줄 알지만 기분 좋아지고 말하는 사람은 상대방을 기분 좋게 해주어 내 마음이 더 좋아지는 긍정의 거짓말이다.

그런데 보자마자 "왜 이렇게 늙었어? 무슨 일이 있었던거야?" 했다면 거짓말을 한 것보다 더 기분이 안 좋아지는 역효과가 났을 것이다. 착한 거짓말은 센스이고, 상대방에 대한 배려이다. 사람과의 관계에서는 과하지 않은 약간의 착한 거짓말이 서로의 관계에 촉매제가 된다. 부드럽고 편안한 관계를 이어주는 윤활유가 된다.

진짜 거짓말을 진실인 것처럼 말하는 유형의 사람이 있다. 내가 세상에서 가장 증오하고 미워하는 딱 한 사람이다. 우리 가정을 이렇게 만든 장본인이기도 하고 우리 집안 전체를 파탄으로 몰고 간 주범이기도 하다.

세상 누구도 미워하지 않는 긍정 여왕이지만 이 사람을 미워하는 마음 때문에 나의 인생과 우리 가족의 행복도 포기하고 몇 년의 시간을 날렸다. 이제는 내 마음속에 있는 미움과 증오를 좀 삭이고 다시 행복한 기운으로 채우려고 노력하고 살아간다.

정말 처음에는 죽여버리고 싶을 정도로 미웠다. 사람을 그렇게 미워한다는 일은 진짜 어려운 일이다. 두 번은 못 할 힘든 일이 사람을 미워하는 일이다. 나의 모든 힘과 기운과 에너지가 온몸에서 빠져나가고 껍데기만 서 있는 느낌이다.

그 사람의 입에서 나오는 어떤 말도 진실은 없다. 아니 진실일 수도 있다. 그러나 누구도 그 사람의 말을 믿지 않는다. 하물며 그 사람의 자식도, 20년을 넘게 산 아내도 아무도 믿지 않는다.

그의 말을 들어 준 단 한 사람, 우리 남편이다. 우리 남편이 그의 말을 들어주어 우리 집이 이 사단이 났다. 우리 남편은 왜 그렇게 내 말에 귀를 기울이지 않을까. 분명히 거짓말이라고 진실이 아니라고 하는데도 끝까지 그 사람을 믿어서 결국은 배신이라는 가슴 아픈 화살을 맞은 것이다. 우리 가족 모두가 힘들어지는 파국을 맞았다.

우리 가족은 그 사람을 지금도 미워하지만 세월이 약이라 마음이 조금

누그러지기는 했다. 그리고 생각해보면 그런 하찮은 인간 때문에 우리가 불행하게 산다는 건 너무 억울한 일이니 그딴 인간은 잊고 다시 행복해질 수 있는 방법을 찾고 있다.

거짓말을 진실인 것처럼 하는 나쁜 인성을 가진 사람 때문에 계속 괴로워하고 힘들어한다면 그건 우리의 잘못이기도 하다. 어디 가서도 그러고 살 사람이니 누군가에게 크게 된통 혼이 나지 싶다. 다른 사람의 불행을 바라는 것은 나쁜 것이지만 그 사람은 어디를 가서도 불행해지기를 바라고 또 바란다.

사람들 속에서 어울려 살아가면서 항상 진실하고 솔직해야 한다고 생각하는 사람이다. 진실인지 거짓인지 다 느껴진다. 나이가 들어갈수록 거짓은 더 잘 보인다. 인생의 연륜이 있고 많은 사람을 만나고 살다 보니 눈빛이나 얼굴 표정만 봐도 진심인지 거짓인지 다는 몰라도 얼추 알 수 있다. 거짓을 말하는 사람의 말은 힘이 없다. 진실함만이 힘이 있고 오래 간다.

우리의 인생에서 당장 손절해야 하는 가장 나쁜 유형의 사람이 거짓말을 진실처럼 말하는 사람이다. 그런 사람을 나는 정말 경멸한다. 나와 우리 가족이 당한 일 때문이기도 하지만 원래부터도 나는 거짓말을 밥 먹듯이 하는 사람에게는 환멸을 느낄 정도로 싫어했다.

나는 어릴 때부터 억울한 일을 못 견디게 싫어했다. 내가 하지 않았는데 나를 의심하는 그런 일은 밥을 굶어가면서까지 범인을 찾아내고 억울함을 풀어야 하는 성격이었다. 결혼하고는 남편을 소개시켜준 손아래 동서와는 잘 지냈다. 내가 조카들을 많이 봐주기도 했지만 이 집안에 먼저 들어와서 자리 잡은 동서에게 많이 의지하고 배우며 살았다. 나는 일도 해야 했고 처음 하는 살림이며 육아를 동서에게 배우면서도 힘든 일 마다하지 않고 집안 대소사도 거들었다. 친구였기도 하지만 인생의 동지 같아서 많은 의지가 되었다.

주변에서 다른 친구들이나 어른들은 마음은 나누지 말고 일만 나눠 하라는 조언을 했지만 나는 나도 모르게 마음을 나누는 가족으로 자리 잡아가고 있었다. 결혼을 일찍 해서 그렇지 동서나 나나 어리고 철이 없긴 마찬가지였다. 둘이는 아이들 키우는 일이며 시어머니 험담도 하고 잘 지냈다. 아니 잘 지내는 것 같았다.

그런데 나는 원래부터 사람을 좋아하는 성격이라 믿고 모든 이야기를 다 했는데 동서는 그렇지 않았던 것 같다. 자기가 한 말은 쏙 빼고 내가 한 말만 시어머님께 다 일렀다. 화가 단단히 난 시어머니가 나에게 호통을 치셨다. 남편도 같이 혼이 났다. 그러자 남편이 나에게 정말 그랬냐고 따진다. 실망했다고 왜 그랬냐고 화를 내는데 나는 정말 억울했다.

자기가 하는 말에 맞장구치고 내 마음 조금 보태서 긍정했을 뿐인데 모든 말을 내가 한 것처럼 일렀다. 서운하다 실망이다 화를 내고 집안이 한바탕 난리가 났다.

억울함을 못 참는 나는 화만 내는 가족 앞에서 속수무책 당하니 눈물만 나서 조용히 집을 나왔다. 마음을 가라앉히고 생각을 정리하기 위해서였다. 믿었던 친구이자 가족에게 배신당했다는 생각이 들자 서러웠고 내가 한 말이 아닌데 내가 다 한 것처럼 나를 나쁜 사람 만든 그 진실 같은 거짓말이 화가 나고 억울했다.

남편이 찾으러 다니는 것을 보니 마음이 약해져서 집으로 돌아갔지만 서럽고 억울하고 화나는 마음은 풀리지 않았다. 지금은 무슨 말을 해도 다 믿지 않을 것 같은 생각이 들어 남편에게도 다 말하지 않았다.

화가 좀 풀리고 시간이 지난 후에 남편이 조용히 물었다. 왜 억울하다고 말하지 않느냐고 한다. 나는 말할 가치도 없고 내 마음을 너무 다 보여준 내 잘못이라 하고 넘어갔다. 그날 이후로는 시어머님과 동서는 나를 왕따시키고 두 사람이 쿵짝이 맞아서 잘 지내며 나를 외롭고 힘들게 했다. 그때 든 나의 조금은 엉뚱한 생각은 "내가 만약 딸을 시집보낸다면 아들 둘 있는 집에는 보내면 안 되겠구나."였다.

거짓말을 진실처럼 말하는 동서 때문에 그 이후로도 오랫동안 많은 오해와 다툼이 있었다.

그럴 때마다 억울하고 분했지만 언젠가는 진실은 밝혀질 것이고 나의 인격과 진심을 알아줄 날이 올 거라 믿었다. 나를 알아주는 날은 생각보다 더 꽤 오랜 시간이 걸렸다.

주변에 특히나 가족 중에 이렇게 거짓말을 잘하는 사람이 있으면 정말 힘들다. 무조건 거짓말 잘하는 사람과는 거리를 멀리하는 게 맞다. 거짓말을 진실처럼 말하는 사람은 아예 손절해야 하는 게 맞다. 거짓말을 많이 하는 사람으로 인해 내가 득을 볼 일은 절대 없다. 나 자신을 진심으로 사랑하고 위한다면 지금 당장 아예 손절해야 하는 사람은 거짓말을 진실처럼 하는 아주 나쁜 사람이다.

05

자존감이 낮아서 상대방을 피곤하게 하는 유형

전업주부로 집에만 있는 어떤 여자가 있다. 만나면 입에서 남편 이야기만 나온다. 말끝마다 우리 남편 우리 남편으로 시작한다. 자신의 생각이나 감정 따위는 없는 여자 같다.

물론 전업주부이다 보니 다른 관심이 없고 오로지 남편만 기다리고 남편과 함께하는 모든 일이 좋을 수도 있다. 그래서 그러려니 두말하지 않고 들어준다. 그 여자가 남편과 지금처럼 행복하게 살기를 바랐다. 왜냐하면 자신은 이미 없고 남편의 갈비뼈로 사는 것 같아서이다. 그 남편이 변하지 않고 지금처럼 사랑하며 살기를 바랐다. 그래야 그 여자가 행복할 것이라 생각했다. 그런데 그 여자의 행복은 그리 오래가지 못했다. 무슨 영화나 드라마처럼 남편이 동창회에 갔다가 만난 여자친구와 바람이 난 것이다.

울고불고 난리가 났다. 이혼한다고 변호사 알아보고 한바탕 시끄러웠다. 경제력 없이 남편만 보고 살았더니 밉고 괘씸하지만 결국 이혼도 못하고 본인이 다 참아야 하는 상황이 되었다. 남편의 여자 동창을 만나도 보고 아이들에게 하소연을 해봐도 자기편을 드는 사람이 없다. 이혼하고 혼자 나가서 살 생각하니 무슨 일을 하며 어떻게 살아야 할지 앞이 막막하다. 아이들도 평소에 가족에게 잘하고 한 번의 실수이니 아빠를 용서하고 그냥 살자고 한다. 엄마가 참으라고 하니 더 화가 치민다.

그런데 화를 내고 집을 박차고 나가지 못하고 혼자 집에서 우울증이 올 정도로 슬퍼하고만 있다. 이 여자는 왜 이렇게 혼자 아프고 슬프고 힘들어할까.

자존감이 너무나 낮다. 자신이 얼마나 중요한 사람인지 모른다. 지금까지는 자기 자신이 없었다. 남편의 갈비뼈처럼 남편의 소유물로 붙어서 살아서 자기 자신의 모습을 모른다. 남편이 사주는 옷을 입고 남편이 가자는 식당을 가고 남편이 만나는 사람들과 만나서 놀았다. 이번 일로 많은 것을 알게 되었다.

자신이 혼자서는 아무것도 할 수 없이 너무 뇌가 없는 사람처럼 살았다는 것을. 자존감이 바닥이다. 함께 있으면 나만 피곤한 게 아니었다. 남편도 아이들도 다 피곤했다. 엄마는 아내는 자신의 의견을 말하지 않고 시키는 대로만 한다. 하다못해 음식 메뉴를 고를 때도 골라주는 것을 먹지, 자신이 고르지 못한다. 아이들의 입장에서도 뭔가를 의논하고 싶어도 알아서 하라고 하니 대화가 통하지 않는다.

너무 피곤하고 발전 없는 여자로 살았다. 주변에 사람들이 없는 이유다. 그런 줄 알았지만 자기 자신의 자존감을 높이고 자신을 찾을 수 있는 다른 방법은 알지 못한다. 살던 대로 다시 살아갈 수밖에 다른 방법이 없다.

자존감이 낮아서 너무 피곤한 여자다. 신세 한탄하며 주저리주저리 늘어놓는 말들도 다 부정적이고 슬픈 말들이다. 이런 여자와는 다시 만나지 말아야겠다는 생각이 자동으로 든다. 그렇게 친한 건 아니지만 당장 손절해야 하는 유형이라 만날 일이 생겨도 핑계를 대며 피해야 할 것 같다.

좋은 기운을 가진 긍정적이고 밝은 사람들을 만나기에도 바쁜 세상인데 자존감이 바닥을 치는 기운 없고 약한 친구를 만날 필요까지는 없을 것 같다. 자존감이 낮은 사람들은 자신의 생각이나 의지를 표현하는 것을 두려워하는 것 같다. 남이 하는 대로 따라 하고 남이 하는 말이 다 맞는 줄 착각한다.

그리고 정말 나쁜 공통된 버릇이 있는데 상대방이 말을 할 때 본인도 말을 한다. 혼자 말을 하게 되면 관심이 쏠리니깐 남이 말을 할 때 같이 한다. 이상하리만치 같은 버릇이 있다. 주변의 사람 중에 남이 말할 때 본인도 같이 말하는 사람을 자세히 보면 알게 된다. 그냥 그 사람 개인의 버릇이라는 생각이 들 수도 있다. 그런데 그런 행동하는 사람들을 잘 보면 자존감이 낮은 사람들의 공통된 특징이다.

주목받는 것이 익숙하지 않아서 그렇다. 내가 말을 하면 사람들이 나만 쳐다보게 되니깐. 남이 할 때 같이 한다. 보통 사람들은 자신의 말을 듣게 하기 위해 남들이 하지 않을 때 하는데 자존감이 낮은 사람들은 의견을 말은 해야겠고 주목받는 건 부담스러우니 남이 말하고 있을 때 같이 해버린다.

매사에 자신이 없고 내 생각이 맞을까 틀릴까 고민하면서 상대를 피곤하게 하는 자존감이 낮은 유형의 사람들도 함께하면 힘든 유형이다. 친구든 가족이든 그런 사람은 옆에 있는 사람을 피곤하게 한다. 친하더라도 당장 손절해야 하는 유형이다.

학교 다닐 때 친구 중에 한명이 무슨 말만 하면 "내가 어떻게 해, 나는 못해"를 입에 달고 살았다. 키도 크고 인물도 멀쩡한데 뭐 말 만하면 자기는 못 한다고 하니 함께하는 친구들은 답답해 죽을 지경이다. 안 할 거면 따라오지를 말던가 따라와서 자기는 못 한다고 한다.

그래서 친구들은 그 친구를 왕따 아닌 왕따를 시켰다. 평상시에는 그냥저냥 지내지만, 미팅이나 재미있는 일이 있으면 데려가지 않았다. 가면 또 못 한다, 두렵다 하고 징징거릴 것이 분명하고 분위기를 망칠 것 같아서였다. 우리끼리 재미있게 놀고 오면 우리만의 비밀이 생겨 그 친구에게는 미안하기도 했다.

세상에 호기심 많고 사람을 좋아하는 나는 그렇게 사람도 환경도 경험도 겁을 내는 친구가 이해되지 않았다. 어른이 되고 한참 후에 그 친구 생각이 한 번씩 났다.

그런 약한 멘탈로도 잘살고 있는지 궁금했다. 다 "못 한다, 무섭다"하던 친구였는데 어떻게 살고 있을지 상상도 되지 않았다. 지금 생각해보면 그 친구는 아마도 자존감이 낮았던 것 같다. 본인이 가진 타고난 성격 탓도 있었겠지만 아래로 동생이 많은 집안의 장녀로 태어나 책임감이 강하고 동생들에게 귀감이 되고 싶어서 틀리거나 모험적인 행동은 하고 싶지 않았을지도 모른다. 어릴 때부터 장녀의 역할을 다하다 보니 칭찬보다는 의무와 책임만이 있었을 것이다. 착한 우리 친구는 부모님께 애를 먹이지 않는 착한 딸이 되어 살았다.

자기 자신은 없고 부모님과 동생들을 잘 보살피는 착한 장녀만 있었다. 그러다 보니 자신에 대한 사랑인 자기애가 없다. 나를 위한 삶이 아닌 가족을 위한 삶을 살았다. 가족 안에서 내가 온전하다. 편안하고 안정되고 행복하다. 나로 살아야 하는데 나는 없다. 동생들을 잘 보살펴도 칭찬보다는 잘하지 못한 면을 지적받았다. 나를 귀하게 생각하고 나를 위하는 자존감이 들어올 자리가 없다.

부모님께 혼날까 늘 징징거린다. 학교 마치면 곧바로 집으로 간다. 조금만 놀다 가자고 하면 난리가 난다. 늘 걱정하고 징징거리니 피곤하다. 그런 피곤한 사람과는 더 이상 마음을 터놓고 친하게 지내고 싶지 않다. 졸업한 이후로는 아예 소식을 끊었다.

예나 지금이나 나는 자신의 의지 없이 다른 사람에 맞춰 사는 사람은 별로 안 좋아한다. 이 세상에 나보다 중요한 사람은 없다. 내가 있어야 가족도 있고 친구도 있고 남편과 자식도 있다. 내가 없다면 그런 것이 다 무슨 소용인가. 내가 제일 중요하니 나를 사랑하며 살자. 나를 사랑하고 나를 위하고 나의 마음을 먼저 알아주면 나의 자존감도 올라간다.

자존감이 낮아서 남편과 가족의 부속품처럼 살지 말고 나를 더 드러내고 나를 더 아끼고 사랑하는 삶을 살자. 안절부절 힘들어하는 자존감 낮은 나는 벗어버리고 내가 원하는 삶을 당당하게 살아가는 사람으로 거듭나보자. 자존감이 낮아서 피곤하게 하는 유형의 사람과는 친하더라도 당장 손절하는 것이 맞다.

06

친절한 척하면서 이용하려는 유형

아는 지인이 하던 일을 모두 접고 가족과 함께 유럽으로 이사 간다고 했다. 처음엔 무슨 일인가 싶었다. 자초지종을 듣고 보니 젊은 나이는 아니지만 도전해볼 만하다는 생각이 들었다. 아내와 중학교에 다니는 아들도 동의했다고 했다. 살고 있던 집이며 살림살이를 다 처분하고 소소한 가전제품이나 소품들은 지인들께 나눠주고 부푼 꿈을 안고 떠났다.

동네에서 이사하는 일도 어려운데 나라를 떠나는 일이다 보니 복잡하고 어려운 일이 많았다. 그래도 새로운 곳에 대한 희망으로 힘든 줄도 모르고 다시는 돌아오지 못할 것 같다며 주변 분들께도 놀러 오시라는 인사 말씀도 잊지 않으셨다. 몇 달을 정리하고 인사하고 이삿짐 싸느라 시간을 보냈다. 남은 인생을 보내리라 생각하고 유럽으로 떠난 지 1년도 채 못되어서 빈털터리로 돌아왔다.

살 집이 없어서 산 밑에 있는 낡고 초라한 단칸방을 얻고 다시 직장을 구하러 다니는 신세가 되었다. 당장 밥 해 먹을 쌀이 없어 교회에서 나눠주는 밥을 얻어먹었다.

남은 여생을 살겠다고 찾아간 나라에서 얼마나 버티며 고생했는지 얼굴이 엉망이 되고 건강에도 적신호가 켜졌다고 한다. 학교에 가야 할 아이는 아르바이트하며 용돈을 벌고 다시 살기 위해 발버둥 치는 안타까운 신세가 되었다. 얼마쯤 시간이 지난 후 듣게 된 사연은 기가 막혔다. 성실하고 바르고 인품이 좋으신 분인데 어찌 그런 일을 당했나 들어보니 누구라도 당할 수 밖에 없는 이야기였다.

원래 목재 가공 관련 일을 하셨는데 어느 정도 자리도 잡았고 아이도 커서 노후를 준비하고 있던 시점이었다. 가구 수출입 일을 하시는 가까운 지인이 유럽에 가면 시골 쪽으로 가도 백 년 이백 년 된 오래된 앤티크 가구가 많은데 그런 걸 헐값에 사서 한국으로 보내면 비싼 값을 받을 수 있다고 했다. 집은 사지 않아도 월세를 얻어서 살면서 한국에서 오는 관광객이나 유학생에게 렌트해주며 살아도 된다. 유럽은 복지가 잘되어 있어서 나이가 들면 모든 것을 나라에서 주니 죽을 때까지 걱정 없이 살 수 있다고 했다고 한다.

평생 일만 하며 살아 온 자신에게도 이런 기회가 오는구나 싶어서 기대가 컸다. 말로만 듣던 유럽에서 좋아하는 커피 실컷 마시며 편하고 행복한 노후를 보낼 수 있겠다는 생각에 밤잠을 설쳤다고 한다. 엔틱가구를 구하러 다는 길은 여행이라 생각하며 보낼 생각에 얼마나 즐거운 나날을 보냈는지 모른다고 한다.

그런데 일은 유럽에 도착하자마자 바로 터졌다. 생각한 대로 상상한 대로 되는 일은 없고 집도 절도 없이 싸간 짐도 찾지 못하는 신세가 되었다. 그렇게 친절하게 모든 일을 봐주던 사람이 연락이 두절되었다. 두 가족이 같이 갔는데 두 가족 모두 난감하게 되었다. 일단은 여행 비자로 견디며 여기저기 알아보았다. 말이 안 통하니 들고 간 돈으로 한국인을 사서 알아보았는데 돈만 챙기고 잠적해버렸다. 돈도 사람도 찾을 길이 없다.

시간이 지날수록 돈은 바닥을 드러내고 가족들은 힘들어하니 더는 주저앉아 기다리고만 있을 수 없어서 한국인이 운영하는 식당에서 일을 도우며 겨우 몇 달을 살았다 한다.

그런데 참 기가 막힌 것은 한국인이 운영하는 식당 주인이었다. 도와준다고 말은 하면서 실질적으로는 일만 시키고 밥만 겨우 먹여주고 일한 돈은 안 준다. 집세도 내야 하고 돈이 많이 들어가는데 일한 돈을 안 주니 가족들은 더 힘들어졌다. 1년여를 갖은 고생으로 피폐해져서 결단을 내려야 하는 시점이 되었다.

밤하늘의 달을 보며 혼자 많이 울었다고 한다. 친절한 척하며 본인을 이용한 사람보다 이용당한 자신이 더 부끄럽고 한심하게 느껴져서 눈물로 후회의 시간을 보냈다고 한다.

사람을 쉽게 믿고 일을 맡긴 자신을 탓하며 가족에게 사과하고 다시 한국행을 결정하게 되었다. 돌아와서 한 달, 두 달 돈을 벌어 다시 살게 되어서 다행이라 생각하며 살지만 그때 일를 돌이켜보면 사람이 정말 무서워진다고 한다. 그렇게 친절한 사람이었는데 두 얼굴을 가지고 나를 이용했다고 생각하면 나 자신이 초라해지고 처량해져서 사람들과는 말도 하기 싫다고 한다. 다시 교회에 나가는데 교회에서도 나에게 친절한 사람은 의심부터 된다고 한다. 유럽으로 가자고 말하고 돈만 챙긴 지인도, 일만 부려 먹고 돈을 안 주는 식당 주인도, 어떻게 된 일인지 알아봐

준다고 하고 돈만 챙기고 돌아오지 않던 한국인 학생도 모두 원망스럽지만 결국에는 나의 잘못된 선택이라 후회하며 다시 열심히 살고 계신다.

친절한 척하며 사람을 이용하는 사람에게는 속을 수밖에 없다. 작정하고 덤비는데 당하지 않을 재간이 있겠는가. 특히, 본인이 친절한 사람일수록 더 쉽게 당한다.

본인 마음 같은 줄 알고 쉽게 마음을 내어준다. 좋은 사람이라는 말을 듣는 사람이 많이 이용당하는 이유도 본인이 친절하고 좋은 사람이니 상대방도 그런 줄 알고 다 내어주어서 그런 것이다. 유럽 가서 쫄딱 망하고 고생만 잔뜩 하고 오신 지인분도 법 없이도 사실 좋은 분이다. 그런 분이 아니었다면 어땠을까. 좀 못되고 따지고 자신의 이익을 더 챙기는 이기적인 사람이었다면 어땠을까. 그랬다면 물론 이런 일을 당하지도 않았을 것이다.

사람의 좋은 마음을 이용하여 사기 치고 고생시키는 나쁜 사람은 아예 처음부터 다가오지도 않았을 것이다. 사람을 이용하는 유형의 사람은 이용할 만한 사람을 안다.

친절한 사람을 싫어할 사람은 없으니 이용당하는 줄도 모르고 이용당하고 있을 수도 있다.

사람들과의 관계에서 내가 이용당하고 있다고 생각하면 기분이 나쁘다. 그렇지만 친절한 척하며 다가오는 나쁜 사람은 골라내기가 어렵다.

친절한 척하는 사람과 친절한 사람을 알아보는 눈이 있으면 좋으련만 우리에게는 그런 혜안은 아직 없다. 세상 모든 사람이 친절하면 더 헷갈려서 어려워질 수도 있다. 무엇이든 적당해야 좋다. 과하면 탈이 나게 되어 있다. 사람과도 적당한 거리를 두어야 한다. 어떤 관계라도 적당한 거리만 유지할 수 있다면 큰 문제 없이 지낼 수 있다.

친절한 척하며 사람을 이용하려는 유형의 사람과는 처음부터 연결의 고리를 잘라내야 한다. 그러나 상대방이 나를 이용하고 있는지 아니면 내가 그 사람의 친절함이 좋아서 스스로 당하고 있는지 알 수가 없다.

현대를 외롭게 살아가는 우리는 친절한 사람에게는 마음이 열리고 약해지는 것이 너무 당연하다. 친절한 사람은 사람의 마음을 따뜻하게 하고 편안하게 해주니 마음이 열리는 건 시간문제다. 친절한 척하며 이용하려 해도 우리의 내면에 마음 근육이 단단하다면 당하지 않고 잘 넘어갈 수 있다. 친절한 척 다가와도 속지 않고 이용당하지 않을 수 있도록 우리의 내면의 근육을 키우자.

나에게 세상 무슨 일이 일어나도 알고 보면 다 내 선택이었고 내 마음이었고 내 탓이다. 결국은 내가 한 일이기에 내가 책임을 져야 한다. 어떤 얼굴로 내게 다가와도 당황하지 않고 이용당하지 않으려면 내 마음을 먼저 들여다보고 내 마음 근육부터 다지자.

사람들과의 관계에서도 어떤 사람과도 좋은 관계이거나 나쁜 관계이거나 다 내 마음에 달렸다. 내 마음의 근육이 단단하고 내면이 충만하면 사람들과의 관계에서도 자신감이 넘치게 되어 있다. 자신감 있는 상대방과의 관계는 내가 이용당할 수 없는 힘이 있다.

친절한 척하며 나를 이용하려는 사람은 당장 손절해야 한다. 가족이라도 그 어떤 친한 사이라도 당장 손절하고 더 이상 이용당하지 말고 나를 지키자.

07

자신의 이익에만 몰두하는 유형

나는 무슨 일을 하는 사람이든 상관없이 사람에 대한 관심이 많은 편이다. 특히, 본인의 일에 자부심 가득하고, 노력하며 실력을 갖춘 사람을 좋아하고 그런 이들에게 관심이 많다. 일의 종류에 상관없이 본인의 일을 좋아하고 최고가 되려고 노력하는 사람은 존경한다.

우리 일이 건축자재를 판매하는 일이다 보니 특성상 건축 현장에서 일하시는 분이 거래처인 경우가 많다. 건축물을 지을 때 건축 도면이 나오면 제일 먼저 하는 일이 건축물의 기초인 뼈대를 세우는 일이다. 그 뼈대인 철근이나 H빔을 판매하고 납품하는 일이 우리 일이다. 그렇다 보니 건축 현장에서 철근 일을 담당하시는 분이 우리의 주거래 사장님이다. 사장님들은 정말 성격도 다 다르고 인품도 다르지만, 실력 또한 천지 차이다.

며칠 전에 거래하는 철근 담당 사장님께서 회사를 방문하셨다. 일흔이 넘은 고령이신데도 전문가의 포스가 넘치시는 분이다. 새로 뽑은 멋진 자동차를 자랑하러 오셨다. 평생을 건축 현장에서 일하신 분이라 거칠어 보이지만 다정하고 따뜻한 분이다.

건축 도면을 돋보기도 없이 그냥 대충 보시고도 철근이 들어갈 물량을 말씀하신다. 전문가는 다르다는 느낌이 든다. 같은 일을 하는 많은 다른 분들에 비하면 신사이신 편이다. 내가 좋아하는 스타일이다. 사장님께서는 자신의 이익만 보고 일하시지 않는다.

본인 밑에서 일하는 사람들의 특징을 알고 적재적소에 배치하고 최대한 일하기 수월하도록 뒤에서 물심양면 도와주신다. 우리 같은 거래처에도 피해가 가지 않도록 건축주에게 미리 돈을 받아서 결재도 바로바로 해주신다.

현장에서는 인건비는 법으로 보장해야 하니 인건비 먼저 지급하고 자재비는 미루는 경우가 많아 우리가 곤란한 경우도 많은데 사장님은 자재비마저도 철두철미하게 챙기신다. 이런 사장님 같은 분만 계신다면 일하기가 훨씬 수월할 텐데 현실은 그렇치가 않다.

정말 얌체 같은 사장님들도 많다. 자신의 이익만 챙기고 자신에게 약간이라도 불리하면 바로 도망간다. 자재 주문해서 일 다 해놓고 자재비는 나 몰라라 하는 사장님도 많다. 건물을 다 짓고 나면 이미 자재는 건축주의 재산이기 때문에 손을 못 대는 걸 악용하여 자재비를 미루고 미루어 결국은 못 받게 되는 경우도 한두 번이 아니다.

그 돈만 다 받았어도 우리가 이렇게 살지 않을 것이라는 생각이 자주 든다. 처음엔 사람을 믿고 거래했는데 시간이 지날수록 사람이 돈 앞에서 약해지고 만다. 책임지지 않고 미루고 떠넘기고 연락 끊고 여러 형태로 사람을 실망시킨다.

여러 사람 중에 제일 얄미운 사람이 자신의 이익만 챙기고 나머지는 책임지지 않는 사람이다. 잘한 일은 자신이 다 한 것처럼 하고 조금이라도 피해가 된다 싶으면 뒷 일을 나 몰라라 하니 환장할 노릇이다. 연락을 주고받으며 자초지종을 이야기하면 기다리거나 할 것인데 아예 연락을 두절한다. 본인이 미안해서 그런 경우도 있지만 대부분은 책임지기 싫어서 그러는 사람이다.

돈을 떠나서 그런 사람은 두 번 다시 거래하면 안 되고 손절해야 한다. 당장 손해보는 것이 아까워 계속 거래하다 보면 돌이킬 수 없는 지경이 된다. 우리 거래처는 그런 곳이 한두 곳이 아니다. 다 마음 약한 우리 남편의 작품이다.

거래처뿐만 아니라 우리 주변에도 그런 사람은 많다. 같은 지역에서 오래 살다 보니 웬만한 사람은 한 다리 건너서 다 아는 사람이고 친척이고 동창이고 선후배 사이다. 그래서 서로를 잘 챙기며 산다. 조그마한 일도 금방 소문나는 작은 도시이다 보니 서로 돕기도 하고 서로 조심하며 산다. 인맥이 안 닿는 곳이 없을 정도이다.

아이들도 여기서 나서 자라다 보니 아이 친구 부모들과도 이웃으로 지내 대부분이 아는 사람인 셈이다. 서로를 잘 모르는 큰 도시와는 확연한 차이가 있다.

내가 아는 사람 중에는 다 그런 것은 아니지만, 영업하는 사람들이 주로 자신의 이익을 많이 챙긴다고 느껴지는 사람들이 있다. 인맥으로 영업하는데도 자신의 이익만을 챙기는 사람은 결국 오래 하지 못한다. 영업일은 잘만 하면 돈을 정말 많이 벌 수 있는 일이라 생각한다. 많은 사람을 만나 인맥도 늘리고 얼마든지 자신의 인생을 돈으로든 사람으로든 풍족하게 살 수 있는 좋은 직업이다. 그런데 눈앞의 이익에만 몰두하여 그런 좋은 기회를 자신의 발로 차버리고 마는 사람을 많이 봐왔다.

상품이나 물품을 팔기 전에 사람의 마음을 먼저 얻어야 하는데 작은 마음조차도 얻지 못하고 힘들어하거나 일을 포기하는 경우도 많다. 계산적으로 보면 두 개를 내어주고 하나를 얻는다면 하나가 손해인 것 같겠지만 손해본 것 같은 하나가 세 개, 네 개를 물고 올 수도 있는데 당장 손해본 한 개만 생각하고 아쉬워하니 힘들 수밖에 없다. 손해를 보는 것 같아도 손해가 아니다.

작은 이익에 눈이 멀어 큰 이익을 놓치지 않았으면 한다. 소비자나 고객은 다 알고 있다. 나에게 이익이 되는지 손해가 되는지. 자신이 손해를 보면서 손해본다고 하는지, 절대 손해보지 않는데도 입으로 손해라고 하는지 다 안다. 다 알고 있다고 생각하고 이익을 덜 챙기면 일이 좀 쉬울 텐데 자신의 이익에만 몰두하니 더 어려워진다.

무엇을 파는지만 다를 뿐 우리가 살아가는 모든 일은 영업이나 마찬가지다. 우리의 인생이나 사람과의 관계도 결국은 다 영업이다. 손해와 이익만을 따질 수 없는 것이 사람과의 관계이다. 나의 마음과 상대방의 마음을 주고받는 일이다. 사람과의 관계는 물건이나 상품을 파는 영업보다 더 어려운 영업이다. 자신의 이익만을 추구한다면 결국을 망하고 마는 일이다.

나의 진심을 주면 상대방은 나의 진심을 느낀다. 마음속으로는 싫어하는데 겉으로는 좋아하는 척해도 상대방은 싫어하는 내 마음을 느낀다. 모를 것 같아도 다 안다.

내가 조금 손해본다고 생각하고 내가 더 잘해주면 그것 또한 느껴진다. 이익 보려고 하지 말고 내 마음을 내어주면 세상 쉬운 것이 또 사람의 마음이다. 마음을 얻는 영업을 하면 돈도 많이 벌고 관계도 좋아지고 인맥도 넓어지게 된다. 자신의 작은 이익에만 몰두하여 약간의 손해를 크게 생각하고 아쉬워한다면 결국 관계의 영업은 문을 닫아야 할 것이다.

친하더라도 당장 손절해야 하는 자신의 이익에만 몰두하는 유형은 함께하고 싶지 않은 사람이다. 함께해서 행복하고 즐거운 사람만 만나도 아까운 시간인데 자신의 이익만 챙기는 이기적인 사람까지 챙겨가며 살고 싶지는 않기 때문이다.

우리가 살면서 얼마나 많은 사람들과 관계를 맺고 얼마나 많은 유형의 사람들을 만나며 살고 있는지 생각해본 적이 있는가. 우리가 만나는 많은 관계 속에서 얼마나 행복을 느끼는지 알고 있는가. 사랑하며 살아도 시간이 부족하다. 행복하게만 살아도 시간이 부족하다. 살아가는 내내 사람 때문에 힘들어하지 않고 살아야 한다.

아니, 사람 때문에 즐거워야 한다. 지금 손해인 듯해도 행복한 인생을 위해서는 자신의 이익에만 몰두하고 남들에게 관심 없는 이기적인 사람과는 친하더라도 당장 손절해야 한다.

HUMAN RELATIONS CLEAN UP!

4장

좋은 사람 놀이, 일방통행 관계 그만하기

01

좋은 사람이라고 격려받고 싶은 심리

나에게는 쌍둥이처럼 닮은 여동생이 한 명 있다. 두 살이 어린 내 동생은 정말 착한 아이다. 너무 착해서 남들로부터 손해보고 사는 것 같아 언니인 내가 짜증을 많이 냈다.

어릴 때는 뽀얗고 예쁜 동생이 인기가 많아 부러웠다. 언니인 나는 삐쩍 마르고 신경질적인 아이였는데 반면 여동생은 토실토실하고 방글방글 잘 웃는 아이였다. 그래서 어디 가나 인기가 많았다. 장날 엄마를 따라가는 아이도 항상 여동생이었다. 두 살 많은 나를 데려가면 더 편한데 굳이 여동생을 데려가는 건 사람들이 귀엽다 예쁘다 해주니 엄마 입장에서는 아무래도 여동생을 데려가는 편이 나았기 때문일 것이다. 여동생의 인기는 엄마의 기분을 좋게 하여, 장에서 돌아오는 여동생은 공주 복장이 되어 의기양양 까불면서 온다.

그런 여동생은 어른이 되어서도 해맑고 착하다. 언니인 내 생각에는 좀 야무지고 똘똘하게 잘했으면 좋겠는데 착해 빠져서 자기 것도 못 챙기고 양보하고 배려하고 항상 뒤에 서 있다. 결혼해서도 마찬가지다. 남편이 하자는 대로 그저 착하게, 착하게만 살고 있다.

나는 항상 동생만 보면 짜증이 났다. 왜 그렇게 자기 주장 없이 시키는 대로 수동적으로 살면서 고생하는지 화가 났다. 일만 하고 사는 것 같아 안쓰러운데 그런 내 마음은 생각과 다르게 늘 짜증과 화로 표현되었다.

생긴 건 비슷해도 성격은 정반대다. 동생은 부지런하고 착실하고 일도 잘한다. 무슨 일이든 가리지 않고 열심히 하는 사람이다. 그러다 보니 늘 고생이다. 언니인 내 생각에는 얼굴도 예쁘고 키도 크고 착하고 성실하고 부족한 것 없는 아까운 동생인데 어찌 그리 고생하고 사는지 마음이 늘 안타깝다. 아마도 성격 때문인 것 같다. 늘 착하다, 잘한다는 소리를 듣고 크다 보니깐 착하지 않은 행동은 못 한다. 좋은 사람, 착한 사람으로만 살아서 본인이 고생이다. 나쁜 말 듣는 것은 못 견딘다.

좋은 사람이란 소리를 들어야 편하니깐 남이 싫어하는 행동을 안 한다. 본인이 좀 손해보더라도 좋은 사람이라는 말을 들어야 마음이 편하다. 어디를 가나 나를 아는 사람들은 한 마디씩 한다. 동생이 너무 착하고 순하고 예쁘다고. 나는 그런 말이 듣기 싫었다.

그 말은 또 바보 같이 다 해주고 고생하고 있다는 말로 들렸다. 힘들면 힘들다고 하면 되는데 힘들어도 다 해주고 착한 사람, 좋은 사람이라는 소리를 듣는다.

좋은 사람이라는 굴레를 벗기는 쉽지 않다. 거절하지 못하고 반항하지 않고 좋은 사람이어야 사람들과도 잘 지낼 수 있다고 생각한다. 특히 사회에서 만나는 사람들과의 관계에서는 더 손해를 많이 본다. 늘 낮은 자세로 사람들의 말을 듣고만 있다. 싫다는 말을 못 해서 몸은 늘 힘들다. 어찌 그리 착하기만 한지, 손해보고 힘들면서까지 남들에게 좋은 사람이라는 소리를 들어야 마음이 편한 것이 이해되지 않는다.

내가 가장 좋아하는 내 동생뿐만이 아니다. 우리 남편도 그런 사람이다. 어릴 때부터 '일 잘한다, 착하다' 소리를 하도 듣고 커서 어른인 지금도 '일 잘한다, 착하다' 조금만 칭찬하면 몸이 부서져라 일을 한다. 어쩔 땐 바보가 아닌가 싶은 생각이 들 정도다.

시골에서 농사일이 바쁜 농번기가 되면 엄마 힘드시다고 학교도 안 가고 농사일을 거들었다고 한다. 다른 아이들은 농사일 거들라고 할까 봐 학교 운동장에서 늦게까지 더 뛰어놀다가 오는데 우리 남편은 아예 학교를 안 가고 농사일을 도왔다고 하니 얼마나 착하다는 소리를 들었겠는가. 어른이 되어서도 돈 많이 벌어서 가족들 잘 살게 해주겠다는 일념 하나로 본인의 인생 없이 살았다. 성실하고 부지런하니 사업이 잘 되어서 돈을 좀 벌었을 때에도 놀 줄을 몰랐다. 그저 일만 하고 살았다.

그래서 내가 우리가 사는 아파트 자체에서 운영하는 조기축구회에 가입시켜주었다. 너무 놀 줄도 모르고 일만 하니 쉬는 일요일만이라도 운동하며 스트레스도 풀고 비슷한 나이의 사람들을 만나 놀라는 취지였다. 아파트 바로 앞에 초등학교가 있어서 매주 운동장에서 축구도 하고 사람들도 만나며 즐거운 시간을 보냈다. 그런데 시간이 조금 지나고 사람들과 친해지고 적응하면서부터 내가 더 힘들어졌다. 매주 일요일만 되면 새벽부터 먹을거리를 준비해 달라고 한다. 아침부터 운동하니 배고프다고 모든 회원이 나눠 먹을 수 있는 대용량의 국이나 어묵국을 끓여달라고 한다.

처음에는 사람들과 어울리고 잘 적응하여 운동하는 모습이 보기 좋아서 요구대로 한두 번 해주었다. 그런데 점점 요구사항이 늘어난다.

나는 아이들도 어리고 힘들다고 자신이 없다고 했다. 다른 회원들이랑 의논해서 사 먹으라고 했다. 그런데 물러나지 않고 떼를 쓴다. 사 먹는 건 맛이 없고 돈이 많이 든다고 고집을 부린다. 더 이상은 안 된다고 했지만 나는 고집을 부리는 이유를 안다.

사람 좋고 젊은 남편이 국이며 먹을거리를 들고 오니 사람들이 칭찬을 많이 했을 것이다. 칭찬해주니 기가 살아서 매주 메뉴를 바꿔가며 열심히 들고 갔다. 기대를 저버리고 싶지 않아서 힘들어하는 아내에게 떼를 쓴다. 더 맛있는 걸로 들고 가고 싶어서 안달이다.

놀 줄도 모르고 친구도 없이 일만 하던 남편은 친구도 생기고 운동도 하게 되어 신이 났다. 술을 못 마셔서 그나마 다행이었다. 일요일은 새벽에 나가면 밤늦게까지 집에 들어오지를 않았다. 술 마시는 다른 회원들 뒤치다꺼리를 하느라 집에도 못 오고 따라다녔다. 일만 하던 남편은 놀러 다니느라 정신을 못 차리고 있었다.

정신 못 차리고 놀 수 있는 원동력은 바로 칭찬과 좋은 사람이라는 타이틀이다. 사람 좋다는 말에 그냥 바로 넘어간다. 누구라도 밥 사고 커피 사고 무슨 부탁이라도 다 들어준다.

본인 마음에 좋은 사람이라는 말은 절대 남에게 해를 끼치지 않는 사람이므로 신호 한번 어기지 않는다. 늘 남에게 좋은 사람이라는 말이 듣고 싶은 심리는 어떤 것일까? 왜 그렇게 좋은 사람이라는 말이 듣고 싶을까? 나는 이해할 수가 없었다.

가진 것 없이 배운 것도 없이 어렵게 어렵게 살아왔으면서 왜 그렇게 남에게는 신경을 쓰는지. 자신을 더 챙기면 좋을 텐데 남들에게만 신경 쓰고 오히려 본인은 손해보고 힘들게 살아가는지 나는 진짜 이해되지 않았다.

내 동생이나 우리 남편은 착한 사람 콤플렉스에 빠져 있는 것 같다.

착한 사람이라는 말의 감옥 속에 갇혀있다. 내가 좀 힘들어도 내가 손해를 보더라도 남에게는 좋은 사람 착한 사람이어야 하는 강박에 빠져 있다. 나는 좋은 사람이라서 세상 모든 사람이 좋아할 것이라 착각한다. 참 바보 같은 생각이다.

세상은 좋은 사람이라는 말에 집착하는 착한 사람들의 말을 잘 들어주지 않는다. 물론 착한 것이 나쁘다는 것은 아니다. 착한 사람들은 대부분 마음이 여리고 본인의 의지를 말하지 않는다. 그저 남들이 하는 대로 따라 하는 경우가 많다. 그러니 말에 힘이 없다. 자신의 주장을 내세우지 않고 물 흐르듯이 따라간다. 그렇게 하는 것이 결코 좋은 것은 아닌데 마음을 바꿔 먹기가 힘들다.

사람들은 누구나 좋은 사람, 착한 사람이라고 생각하고 살지 나는 나쁜 사람이라고 생각하며 사는 사람은 없다. 객관적으로 봤을 때 조금 더 자신을 내세우지 않고 남들에게 맞춰주는 사람을 좋은 사람이라고 할 뿐이다. 우리가 꼭 좋은 사람으로 살 필요는 없다. 좋은 사람이 되려면 많이 참아야 하고 힘들다. 그럼에도 불구하고 좋은 사람이 되고 싶어 한다.

좋은 사람이라 격려받고 싶은 심리는 혼자 외롭지 않고 사람들 속에 섞여 있고 싶은 마음인 것 같다. 내가 좋은 사람이면 사람들도 나를 좋아할 것이니 사람들과 잘 지내고 있다고 본인 마음을 위로하는 것이다. 결국은 사람들과의 관계이다. 좋은 사람이 사람들과의 관계에 유리한 것은 사실이다. 그러니 좋은 사람이라고 격려받으며 살고 싶은 마음이 사람들과도 잘 지내고 싶은 마음인 것이다.

02

나도 모르게 알게 된 나의 진짜 감정

손해를 본 일은 모래 위에 기록하고 은혜를 입은 일은 대리석 위에 기록하라는 말을 들은 적이 있다. 손해본 일은 잊고 은혜 입은 일은 대리석에 새겨서 꼭 갚으라는 말이다.

이 말은 사람들과의 관계에 꼭 맞는 말이다. 사람들과의 관계에서는 손해본 일은 되도록 빨리 잊는 것이 서로 간에 관계를 이어가기에 좋다. 하지만 사람은 원래 손해본 일은 잘 잊어지지 않는다. 원래 손해본 일이 30이라면 이보다 더 크게 한 50 정도로 손해본 것 같이 느껴진다. 그래서 더 안 잊혀진다. 두고두고 생각나는 일이 손해본 일이다. 그러나 이왕

손해를 입었다면 하루 빨리 잊어야 나에게도 상대에게도 좋은 일이다. 계속 붙잡고 있어 봐야 가슴만 아프고 내 마음만 더 상처받는다.

손해본 일을 잊으면 상대를 대하는 내 태도도 달라진다. 손해를 입히고 마음 편한 사람은 없을 것이니 상대도 나에게 더 신경 쓸 것이다. 그러다 보면 자연스레 두 사람의 관계는 더 좋아지고 편해진다. 어차피 관계도 사람이 하는 일이다 보니 사람의 마음을 얻어야 하는 것 같다. 그리고 은혜를 입은 일은 두말할 것 없이 당연히 은혜를 갚아야 한다. 원래의 크기보다 더 크게 갚아야 하는 것이 은혜이다. 사람이 은혜를 모르면 짐승과 다를 바가 무엇이겠는가. 은혜를 입었다면 그보다 더 좋은 관계는 없다. 은혜를 주고 은혜를 받는 일은 사람과의 관계에서는 제일 좋은 관계임은 틀림이 없다.

나이 차는 좀 나지만 모임에서 만나 친구처럼 잘 지내는 언니가 있다. 우리가 얼마 전에 크게 사업을 할 때 부족한 자금을 빌려준 고마운 언니다. 그런데 약속한 기간에 돈을 돌려주지 못해 늘 미안했다. 새로 하는 사업이 잘되고 잘살라고 대출까지 내서 빌려주셨는데 그 사업의 여파로 지금까지 힘들어하는 우리 모습을 보며 늘 안타까워하신다. 나는 그 언니한테 받은 은혜는 가슴 깊이 새기고 늘 감사한 마음으로 살고 있다. 물론 빠른 시일내에 일을 해결해서 돈도 갚고 은혜도 갚고 마음으로 더 잘해드릴 것이다.

돈이 빨리 해결되기만 하면 더할 나위 없이 좋겠지만 지금 당장은 힘들다. 그러나 곧 반드시 된다고 생각한다.

서로 좋은 관계로 잘 지내다가 돈 때문에 관계가 좀 애매해진 순간도 있었다. 사업이 난관에 부딪혀 힘들어졌을때에는 언니가 무슨 말을 하는 것도 아닌데 전화만 받아도 가슴이 쿵쾅거리고 불편했다. 돈을 빌리지 않았다면 이런 마음이 없었을 것인데 돈과 관련이 있는 처지다 보니 내 마음이 너무나 이상하게 힘들었다. 언니는 그냥 하는 말인데도 나는 예민하게 반응하게 되었다. 겉으로는 괜찮은 척해도 나도 모르게 나의 진짜 감정은 엄청 힘들었던 것 같다. 내 마음이 지옥이었던 때에는 언니 전화를 일부러 안 받은 날도 있었다.

나는 원래 사람들에게 낯을 가리지도 않고 선입견도 없이 잘 대하는 편이다. 그래서 사람들과 잘 지낸다. 그런 나에게 다른 사람들은 이런 일이 있는 줄도 모른다. 그 언니만 안다. 알면서도 묵묵히 기다리며 늘 우리에게 응원과 용기를 주니 이보다 더 고마운 사람이 없다.

며칠 전에도 직접 농사지었다며 옥수수를 들고 집에 찾아오셨다. 이런 저런 돌아가는 사업 일정을 물어보시는데 입으로는 설명하고 있지만 마음속으로는 살짝 짜증이 났다.

가시고 나서 나는 스스로를 질책했다. 고마워서 은혜 갚겠다고 생각한 사람인데 나의 상황을 물어보시는 걸 짜증 내다니 나는 정말 겉과 속이 다른 인간인 것 같았다. 나의 진짜 감정은 무엇인가? 은혜는 은혜고 돈이 언제쯤 되는지 물어보는 언니의 마음은 못 헤아리고 짜증부터 내는 나의 감정은 어떤 것인가.

어찌됐든 당장 해결할 수 없는 상황이라면 내 진짜 감정이야 어떻든 생각할 필요도 없다. 그냥 은혜만 생각하자. 은혜만 생각하면 언니를 대하는 나의 태도와 마음이 돈과 관련 없던 예전같이 편한 관계가 될 수 있다. 나의 마음속 감정과 상관없이 은혜 갚는다는 기본만 지키면 우리 둘이는 계속 잘 지낼 수 있을 것 같다.

나도 모르게 알게 된 나의 진짜 감정은 언니의 고마움을 잊지 않고 가슴에 새겨 마음에서 우러나는 진심을 보여주는 것이다. 그래야지만 우리의 관계도 더 이상 문제가 발생하지 않을 것이다.

동네에서 식당을 운영하는 지인이 있다. 사람 좋아하고 술도 좋아해서 식당이 한가할 때나 영업을 마치고 나서 자주 만나곤 한다. 하는 일이 서로 다르고 생각이 다르다 보니 나와는 가끔 의견충돌이 있다. 어느 날은 식당 일의 어려움을 토로하며 스트레스도 풀고 이런저런 살아가는 이야기를 하며 시간을 보내고 있었다. 그런데 또 의견충돌이 생겼다.

어떤 문제였는지 정확한 문제의 기억은 없다. 그런데 내가 기분이 정말 나빴다. 더 이상 말하기가 싫어서 집안일 핑계로 집으로 돌아오긴 했는데 마음은 편치 않았다. 본인도 마음이 편하지 않았는지 집에 잘 들어갔냐고 전화가 왔다. 겉으로는 웃으며 '그래 즐거웠다, 잘 왔다, 다음에 또 보자' 했다. 전화를 끊고 나서 혼자 생각했다.

'다시는 안 만나야지, 그 식당에는 안 가야지, 인연은 여기까지.'

나는 나와 의견이 다른 사람을 인정하지 않고 왜 인연을 끊으려고까지 하는가. 나와 다른 그 사람을 인정하면 편할 텐데 왜 화를 내고 있는가. 정말 바보 같다고 생각했다. 나는 도대체 무엇 때문에 마음이 상했을까. 상대에 대한 배려가 없어서였던 것 같다. 식당 일이 힘들다는 건 내가 더 잘 알면서 그냥 좀 들어주었으면 좋았을걸. 나와 생각이 다르다고 해서 그렇게 기분 나빠할 필요까지는 없었는데 후회가 되었다.

나는 밝고 성격 좋은 사람인 줄 알았는데 나의 진짜 마음은 그렇지 않았나 보다. 나도 모르는 나의 마음은 상처받지 않기 위한 담을 높이 쌓아 놓았나 보다. 누구라도 나와 다른 의견이 나오면 바로 쌓아 놓은 높은 담 속으로 숨는 것 같다. 오히려 담을 허물고 마음을 열어도 사람들과 잘 지내는 것이 어려운 것이 현실인데 나는 왜 굳이 담을 쌓아서 나를 힘들게 하는지 알 수가 없다. 나를 제대로 들여다볼 시간이 필요한 것 같다.

어린 날의 나는 정말 순수했다. 사람 많은 곳에 가면 가슴이 벌렁거리고 볼이 홍당무가 되었다. 그런 심장 떨림은 나이를 한참 먹은 지금도 생생하게 기억이 난다. 그렇게 어리고 여린 소녀였던 내가 지금은 남 앞에서는 절대 떨리지 않는 강한 사람이 되었다.

수많은 날을 살아오면서 겪은 사연들은 말로도 글로도 다 표현하기 힘들다. 누구에게라도 자신의 인생은 그렇겠지만 나도 파란만장 롤러코스터를 탔다. 내 마음 한 번 제대로 들여다볼 시간도 없이 그저 열심히만 살았다. 내 이성과 감정이 다르게 움직이고 있는 것도 모르고 사느라 그저 바빴다. 물론 힘든 날보다 행복했던 날이 더 많았다고 자부한다.

행복은 멀리 있는 것이 아니다. 내 옆에, 우리 집에, 나의 마음속에, 어디에라도 행복은 살고 있다. 나의 마음도 들여다보고 나의 옆에 항시 대기 중인 행복도 돌아보자. 행복한 순간을 떠올려 보면 지난날도 미래도 더 행복해질 수 있다.

우리 아이들을 낳고 키우면서 행복했다. 지금 다 키워서 멋진 어른이 된 아이들을 보면 또 행복하다. 행복하고 감사할 일이 너무 많은 요즘이다. 예전에는 몰랐던 내 주변의 사소한 모든 것이 다 감사하다. 감사한 일을 감사할 줄 알고 행복한 일을 행복해하면서 살자.

어느 날 문득 나도 모르게 알게 된 나의 진짜 감정과 마주쳤을 때 당황하지 않도록 나의 마음도 좀 들여다보고 살자.

03

사랑할수록 상처가 되는 사람과의 관계

어느 저녁 약속이 있어서 삼겹살집에서 삼겹살을 굽고 있었다. 두 자리 건너쯤에 아들로 보이는 두 명의 남자와 엄마로 보이는 가족이 식사하고 있는 모습이 보였다. 말없이 고기만 먹는 아들들과 달리 소주를 마시는 엄마는 아들들에게 계속 욕을 하고 있었다. 평범한 엄마라면 아들들 먹는 모습만 봐도 눈에 꿀이 뚝뚝 떨어질 것 같은데 이상하게 이 엄마는 입에 담기도 민망한 욕을 하고 있었다. 늘 있는 일인지 말없이 고기를 먹다가도 소주잔에 소주가 비면 아들은 소주를 얌전히 따라 놓는다. 그 모습이 참 안쓰러웠다.

엄마의 이야기인즉슨 남편의 돈벌이가 시원찮아 엄마가 경제적으로 고생하니 너희들이 잘하라는 말이다. 더 신기한 일은 식당에서 술 마시며 큰소리로 욕하는 엄마가 두 아들은 아무렇지도 않은 듯 무심한 얼굴이라는 것이다. 나 같으면 당장 식당을 뛰쳐나갔을 것이다.

그만하라고 사람들 쳐다본다고 말렸을 것이다. 그런데 그냥 밥만 먹는 아들들이 이상하고 어쩌면 좀 안 된 마음도 들었다. 시간이 많이 흐르고 취한 엄마를 두 아들은 말없이 모시고 나갔다. 처음에는 욕하는 모습이 보기 싫었다. 신경 쓰이고 짜증이 났다.

그런데 그렇게 나가는 아들들을 보니 우리 아들 생각도 나고 애들이 엄마를 정말 위하고 배려하는 것 같아 오히려 마음이 좋았다. 엄마의 고생을 알아서 그런 것 같았다. 현실이 힘들어서 소주 한잔하며 푸념하는 엄마를 옆에서 지켜주는 모습이 든든하기까지 했다. 왜 창피하지 않겠는가. 남의 눈이 왜 의식되지 않겠는가. 그렇지만 엄마니깐, 우리 가족을 위해 고생하시는 엄마니깐, 다른 사람의 눈치보다 엄마가 더 소중하니깐 참지 않았을까.

고생하는 보람이 있게 잘 커가는 아들들인 것 같다. 그 엄마가 더 행복해졌으면 좋겠다는 마음이 들었다.

가족은 그냥 사랑하고 살면 좋은데 가족이라서 더 상처가 된다. 사랑하니깐 더 상처가 되고 사랑할수록 더 아픈 관계가 가족이다. 고슴도치처럼 사랑할수록 가시가 찌른다. 사랑해서 결혼한 남편 때문에 아프고, 사랑으로 키우는 아들들에게 미안해서 아프다. 가족 먹여 살리느라 힘든 내 처지가 아프다. 이런 일은 비단 이 가족만의 일이 아니다.

가족 중에 아픈 사람이 있거나 장애인이 있으면 나머지 가족의 삶은 오롯이 그 사람들을 위해 살아진다. 내 인생보다 가족을 위한 내가 되어 살게 된다. 가족이라는 말은 참 많은 책임과 의무가 부여되는 관계인 것 같다. 행복하고 따뜻한 가정에서 자란 사람은 구김살 없고 밝아서 어디를 가나 인기가 많다. 그러나 서로를 아프게 하는 가정에서 자란 사람은 어딘가 모르게 속이 늘 허하다. 희생하고 고생하며 살아온 사람은 주눅들어서 자신감이 떨어진다. 물론 다 그렇다는 말은 아니다. 내가 아는 사람들의 성향은 좀 그렇다고 느꼈다.

대가족이 살던 예전과 다르게 가족의 단위가 더 작게 쪼개져서 오히려 다행인 점이 더 많은 것 같다. 같이 살면 좋은 점도 많지만 부딪히는 일이 많아 더 상처 주는 일도 많았다. 그런데 요즘은 다 각자 살다가 어쩌다 만나니 각자의 삶에 집중할 수 있어서 좋다.

세상이 빠르게 변하고 혼술 혼밥 혼자의 삶을 살아가는 시대가 되었다. 원룸이나 오피스텔에서 혼자 살며 가족과 만날 일이 줄어들다 보니 상처 주고받을 일도 줄었다. 대신 혼자만의 삶에 익숙해지기 전까지는 외로움과 싸워야 하지만 그 시기가 지나면 부모님도 자녀들도 다들 혼자 사는 생활이 더 편하고 좋다고 한다. 남편 없이 아내 없이 혼자서도 알아서 척척 잘하고 사는 것 같아 살짝 부럽기도 하다.

늦게까지 결혼하지 않고 싱글 라이프를 즐기며 사는 사람들이 예전에는 이해되지 않았지만 요즘은 좀 대단해보이고 멋있어 보이기도 한다. 나는 혼자 살아 보지 않아서 혼자 살게 되면 엄청 외롭고 힘들 것 같다고 생각했다. 지금도 아이들과 남편이 없는 집은 너무 허전하다. 혼자 있으면 좋을 것 같아도 막상 혼자 있으면 너무 무섭고 외롭다. 어른인 나도 이러는데 아이들은 오죽하겠는가.

내가 아는 어떤 가족이 있다. 아내가 남편을 너무 사랑하여 내조의 여왕이라 불리는 행복한 가정이었다. 누가 봐도 완벽해보이는 가족이었다. 남편이 건설 현장에서 일하니 집을 자주 비웠다. 그래도 아이들 알뜰살뜰 챙기며 남편 오는 주말을 기다리며 살았다. 함께 외식도 하고 즐거운 시간을 꿈꾸며 콧노래를 부르곤 했다. 그러다 남편의 오래된 외도를 알고 충격으로 아내가 가출했다. 남편이 타지에 있으니 아이들만 덩그러니 집에 남아있 었다.

아이들이 불쌍하여 밥을 챙겨 먹이고 청소는 해주어도 엄마 아빠가 없는 빈자리는 채워주지 못한다. 그 불안하고 두려운 마음을 안아주지 못한다. 아이들이 무섭고 불안하여 집에서 나가지를 않는다. 학교에도 가지 않고 집에만 박혀 있다.

아이 엄마에게 이런 상황을 전하고 돌아와서 아이들을 데려가든지 돌보라고 했다. 그런데 그렇게 금이야 옥이야 키우던 아이들을 외면했다. 나의 상식으로는 도저히 이해할 수 없었다. 남편의 마음도 중요하지만 내가 낳은 나의 아이들을 차갑게 버리는 그 여자가 정말 미웠다. 사람이라면 모성 본능이 있는데 어떻게 그럴 수 있나 속으로 엄청 욕을 했다.

아이들은 누구도 돌보지 않아 시골 할머니 집으로 보내졌지만 편찮으신 할머니가 돌보기 힘들어 다시 집으로 돌아왔다. 초등학교에 다니는 아이들은 불안하고 힘들어했지만 둘이서 서로 의지하며 다행히 차츰 학교도 다니게 되었다.

엄마라는 여자가 자신의 감정을 조절하지 못하고 아이들에게 크나큰 상처를 안겨주었다. 아이들이 엄마도 아빠도 없는 집에서 얼마나 불안하고 두려웠겠는가. 누구도 돌보지 않는 어린 영혼들은 서로 의지하며 라면을 끓여 먹으며 자신들의 삶을 이어갔다.

가끔 아이들의 모습을 보면 씻지도 않고 먹지도 못했는지 초라하고 깡말라 있었다. 부모의 잘못인데 왜 아이들이 고통받아야 하는지 안타까웠다. 아이들을 버리고 냉정하게 돌아서던 그 여자를 몇 년 후 다시 만났다. 눈을 흘기며 그때 왜 그랬냐고 물어보았다. 사랑하던 남편이 다른 여자를 사랑하는 모습을 상상하니 눈이 돌아갔단다. 아이들이 보이지 않을 정도로 큰 배신감에 스스로 마음도 추스르기 힘들었단다. 이제와서 그런 말은 변명도 될 수 없다고 아이들의 마음을 다독여주라고 하고 돌아왔다. 다행히 아이들은 별 탈 없이 잘 자랐지만 그 여자만 생각하면 화가 났다.

남편을 유달리 좋아하고 사랑했던 여자이긴 했다. 집착에 가까워서 언젠가 무슨 일 나지 싶었다. 우려는 현실로 나타났고 그 충격으로 아이들의 유년기를 지옥으로 만들었다. 아이들이 커서 몸은 어른이지만 마음은 늘 어린 시절의 그 고팠던 사랑과 불안이 자리하고 있을 것이다. 사랑으로 가득 채워져야 할 아이들의 마음이 공포와 두려움과 배고픔이었으니 그 불안을 어떻게 바꾸어줄 것인가.

그 여자의 남은 숙제다. 아이들의 눈에는 가족은 나를 아프게 하고 상처 주는 관계로 보이지 않겠는가. 내가 조금만 힘들어도 언제든 버릴 수 있는 것이 가족관계라고 생각할 수도 있다. 부디 그 아이들 마음의 상처가 돌아온 엄마의 따뜻한 마음으로 채워질 수 있기를 바란다.

서로 행복해지려고 만나서 결혼하고 사는 관계가 가족이다. 그런데 서로에게 깊은 상처만 남기고 떠난 남편과 아내, 그 들로 인해 불행한 유년기를 보낸 아이들.

그 여자가 남편을 조금만 덜 사랑했더라면 이런 일이 일어나지 않았을까. 그 남편의 책임감이 조금만 더 있었더라면 아이들이 덜 불행해졌을까. 사랑할수록 더 큰 상처가 된 부부 때문에 애꿎은 아이들만 희생양이 되었다. 그 아이들이 자라서 다 채우지 못한 고픈 사랑과 불안으로 온전하게 사랑하며 살지 못한다면 이 또한 불행이다.

누구라도 사랑하고 사랑받으며 살고 싶다. 특히 가족으로부터는 늘 사랑받으며 살고 싶다. 가장 믿는 사람도 가족이고 가장 의지하는 사람도 가족이다. 가족이 있어 든든하고 가족이 있어 외롭지 않다. 가족은 더 많이 배려하고 사랑하며 살아야 한다. 사랑할수록 상처가 되는 관계가 되어서는 절대 안 된다.

04

내 안의 상처를 인정하기

길을 가다가 돌이 나타나면 약자는 그것을 걸림돌이라 말하고 강자는 그것을 디딤돌이라 말한다. 살다가 힘든 일이 생기면 약자는 걸려서 넘어지고 강자는 딛고 일어선다는 말이다.

나도 처음에는 큰 돌에 걸려서 넘어졌다고 절망했다. 한동안은 정신을 못 차리고 넘어져 울었다. 울다가도 눈앞에 닥친 일을 처리했다. 다음 날 아침에 일어나지 않았으면 하는 날도 많았다. 내일은 내일의 해가 뜬다고 입으로는 말하지만 해가 뜨는 것이 두려웠다.

아무리 힘들어도 새벽부터 울려대는 전화기를 들고 씩씩하게 현실과 마주했다. 그때보다 지금 사정이 나아진 것은 별로 없다. 그냥 내 마음이 달라졌다는 것밖에는. 아니 사정은 더 안 좋아졌다고 해야 맞다. 그래도 나는 오늘 다시 몸을 일으킨다.

잘 될 거라는 꿈을 꾸면서 돌을 딛고 뛰어야겠다고 생각한다. 혹자는 이런 나를 보고 정말 대단하다고 말한다. 나는 대단한 사람이 아니다. 그냥 죽을 수 없으니 살아가는 것이다. 그냥 하루하루 나만의 상상의 나래를 펴면서 이 일이 다 해결된 상황과 더 행복해진 내 모습을 머릿속으로 마음으로 그린다. 이 돌이 분명 디딤돌일 거라고 확신하면서.

2021년은 내 인생을 통틀어 최고로 힘든 한 해였다. 장마가 끝나고 20몇 년 만에 최고의 더위가 왔을 때 에어컨도 없는 콘테이너에서 첫아이를 낳고 기를 때가 최고로 힘든 해라고 기억하고 살았다. 그런데 그 해보다 더 힘든 해가 2021년이다.

땅을 공매받아서 허름한 상가를 허물고 새로 깔끔하게 지어서 분양하는 일을 준비했다. 대지 매입금과 공사비를 빼고도 이익금이 많이 남는 계산이 나왔다. 그래서 주변에 땅 살 돈을 투자받았다. 위치가 좋은 국도변이라 상가를 짓기도 전에 분양계약이 다 되었다.

이제 공사만 잘하면 서로 도움이 되는 좋은 기회였다. 그런데 예상을 뒤엎고 공사가 많이 늦어졌다. 상가를 분양받으신 계약자들이 원성이 자자했다. 속은 타들어 가는데 약속한 공사 기간보다 몇 달이나 공사가 늦어졌다. 그러다 보니 계약을 파기하겠다는 사람이 생겨나기 시작했다. 공사 지연손해금을 물어서라도 계약 파기는 막아야 해서 사정사정하는 상황까지 갔다. 드디어 몇 달 만에 상가가 완공되고 분양계약자들께 등기이전을 하시라 연락을 드렸는데 갑자기 연락이 안 된다. 뭔가 큰일이 벌어지고 있다는 직감이 왔다.

나의 직감은 틀리지 않았고 모든 상가 분양계약자들이 똘똘 뭉쳐서 분양계약금 반환과 계약 파기 소송을 제기했다. 하늘이 무너졌다. 어마어마한 돈을 들여서 땅을 사고 상가를 지어서 완공했는데 이제 등기 이전해주고 돈만 받으면 되는데. 도대체 이게 무슨 일인가.

계약이 파기되면 분양계약금을 돌려주는 일보다 더 힘든 일이 다시 분양하는 일이다. 이제 와서 갑자기 어떻게 새로 분양할 것이며 공사대금이란 그동안 들어간 돈은 어떻게 회수를 할 것인가. 얼마나 시간이 더 걸려야 할 것인지 도무지 감이 잡히지 않았다.

누구의 잘못인가. 우리는 잘못한 일도 없는데 가만히 앉아서 바보가 된 기분이었다. 계약자들이 원망스러웠지만 이유도 알아야 하고 또 한 번 더 설득해보려고 연락을 해봐도 연락이 닿지를 않는다. 무엇이 잘못

되었는지는 중요하지 않았다.

일을 해결하는 일이 급선무였다. 주변에 부동산이며 멀리 있는 대도시 부동산에도 광고를 내고 분양에 열을 올렸다. 그런데 한 번 소송에 휘말리니 일이 쉽게 풀리지 않았다.

오랜 시간 준비하고 투자도 많이 받아 시작한 사업이 물거품이 되었다. 아니 빚만 잔뜩 남기고 회사도 문을 닫았다. 앞으로 어찌 갚아 나가야 할지 막막하였다. 투자자들의 빗발치는 독촉 전화에 스트레스가 이만저만이 아니다. 사람들의 독설에 상처도 많이 받았다. 만약 내게 아이들이 없었다면 나는 지금 어떻게 되었을지 상상하기도 무섭다.

사람이 극단적인 스트레스를 받으면 어떻게 되는지 알 것 같았다. 그냥 다른 건 아무것도 보이지 않는다. 다른 생각이 들어올 구멍이 없다. 아무 생각 없이 다 끝내고 싶어진다. 혼자 참 많이도 울었다. 세상 살면서 경험하지 않아도 되는 오만 가지 일을 다 겪었다.

내 안의 상처가 너무 커서 한동안 많이 힘들었다. 돈으로 받은 상처, 말로 받은 상처, 잘 해내지 못한 자책, 나중에는 이 일을 계획한 남편에 대한 원망까지.

텔레비전에서 누구라도 빚에 대한 말을 하면 가슴이 벌렁거렸다. 돈 빌린 사람에 대한 이야기나 못 갚은 이야기만 나와도 눈물부터 났다. 돈 거래는 부모자식간에도 하지 않는 것이라고 하는 말이 비수가 되어 가슴에 꽂혔다. 모든 말이 내 상처에 소금물을 뿌리는 것처럼 아팠다. 돈이라는 것이 이렇게 무섭게 얼굴을 바꾸는 것인 줄 미처 몰랐다.

수중에 돈이 없어서 눈물이 났다. 내 신세가 처량하고 초라하게 보일 것 같아 외출도 하지 않았다. 다행히 아들이 나를 많이 도와주어서 그나마 살아갈 수 있었다. 아들이 나를 살렸다고 보면 맞다. 내가 아들을 낳았지만 아들은 나를 살려준 은인이다.

결혼하면서부터 사업을 했는데 한 번도 경험해보지 못한 극한의 스트레스를 받았다. 액수가 크다 보니 쉽게 해결할 수 있는 상황이 아니다. 그래도 어떻게 어떻게 하나씩 꾸역꾸역 조금씩은 해결이 되고는 있는 듯하다. 내 의식도 성장하고 내 정신도 조금은 나아지고 있다. 스트레스가 너무 커서 정신이 이상해질 것 같았다. 잘 먹고 잘 자고 잘 싸는 게 인생의 모토인 내가 밥을 못 삼켰다. 물만 겨우 마시고 살았다. 딱 그냥 죽고 싶을 만큼 힘들었다.

내 안의 상처로 모든 인간관계가 끝날 것만 같았다.

그러나 나는 이제 정신을 차려야 한다. 나의 아이들이 아무 탈 없이 살아갈 수 있도록 뒤처리는 깔끔하게 해야 한다. 다 해결된 것만 상상하며 앞으로 나아가야 한다. 매일 나의 의식을 바꾸고 매일 나의 잠재의식을 믿으며 미래를 준비하고 있다. 책 쓰기도 그중에 한 가지이다. 책을 쓰면서 변해 가는 나를 발견했다. 나의 살아온 지난날을 돌아보는 계기가 되었다. '나는 참 건강하고 밝게 자랐구나. 부모님이 시골에서 부자가 아닌 농사 지으시는 농부여서 싫은 날도 있었는데 나를 많은 사랑으로 키워주셨구나. 결혼도 아이들도 돌아보니 참 행복하고 복이 많은 사람이었구나'라는 생각이 들었다. 지금은 넘어져서 일어나고 있는 나이지만 곧 걸린 돌을 딛고 일어나 달리고 있을 수 있겠다는 생각도 든다. 용기도 생기고 희망도 생기니 내 안의 상처가 아물 날도 곧 오겠지.

책 쓰기를 하면서 나를 드러내니 내가 더 강해지는 것 같다. 처음에 책을 쓸 때는 나를 드러내는 것이 엄청난 용기가 필요한 일이었다.

남들에게 나를 드러내면 남들이 나를 우습게 볼 것 같고 불쌍하게도 볼 것 같았다. 그래서 힘들었다. 나만 가만히 있으면 누구도 나에 대해 모를 것이라 생각하고 있었으므로 책 속에 나를 드러내는 일이 정말 부끄러웠다. 나의 이야기를 적는 일이 보통의 용기로는 할 수 없는 일이었다. 그런데 가만 생각해보면 나를 알고 있는 사람 중에 몇 사람이나 나의 책을 읽을 것인가. 나에 대해서 관심이나 있겠는가. 그냥 나 혼자 읽는다고 생각하고 책을 썼다.

우려와 다르게 결과는 대성공이었다. 주변의 지인들이 나의 책을 읽고 많은 칭찬과 격려를 보내주었다. 어떤 이는 나를 보면 안아주고 싶다고도 했다. 실제로 안아주시는 분들도 많았다. 그냥 솔직하게 나의 이야기를 두서없이 적었는데도 진심이라 그런지 다 감동이었단다. 고생 많았다고 앞으로는 좋은 일만 있을 거라고 희망과 긍정적인 말씀을 많이 해주셨다. 너무나 고마웠다. 내 안의 상처로 혼자 아파서 울었지만 나를 드러내고 더 많은 격려와 용기를 얻었다. 세상은 아직 살 만하단 생각을 했다. 그리고 내가 다시 밝고 긍정적으로 변하니 사람들과의 관계에도 자신이 생겼다. 죽음의 문턱까지 가서 다시 살아온 나는 이제 다시 살아 보려고 한다.

내 안의 상처를 인정하고 그 상처가 완벽하게 아물 때까지 더 긍정적으로 살아가야 한다.

그렇다고 현실이 갑자기 백팔십도 바뀌는 것은 아니지만 이제 조금씩 바꾸면서 살아가다 보면 내가 꿈꾸는 상상이 현실로 내 눈앞에 나타날 것이다.

자신감 있는 내 모습이 주변 사람들에게도 좋은 모습으로 보일 것이다. 그러다 보면 자연스레 나에게 도움이 되는 고마운 사람들도 만날 것이다. 나는 내 안의 상처를 빨리 낫게 하는 방법으로 밝고 긍정적인 본래의 모습대로 살아가는 것을 선택했다. 세상에 굴하지 않고 디딤돌을 밟고 다시 번쩍 일어나서 남들에게도 도움이 되는 선한 영향력을 끼치는 사람이 되고 싶다.

05

집착하지 않고 관계를 유지하는 방법

사랑하는 사람에 대한 마음이 깊어져서 집착으로 변하는 모습을 우리는 종종 보게 된다. 텔레비전에서만 있는 일이 아니다. 주변에서도 흔하게 볼 수 있다.

사랑하는 마음은 적당히가 어렵다. 적당히 사랑하고 적당히 좋아하고는 조절이 안 되는 여러 가지 중에 한 가지다. 적당히가 된다면 사람들과의 관계도 적당히 잘하며 아무 문제 없이 지낼 수 있다. 너무 사랑하고 좋아해서 집착하게 된다고 한다. 사랑하는 사람에 대한 관심이 생기면 어떤 생각을 하는지, 어떤 것을 좋아하는지 그 사람에 대해 궁금하다. 궁금하면 자꾸 알고 싶어진다. 그러다 보면 집착으로 발전할 수 있다.

내가 아는 친한 부부 중에는 집착에 가까운 관심으로 서로를 힘들게 하는 커플이 있다.

그 사람의 일거수일투족을 다 알아야 직성이 풀린다. 항상 언제 어디서라도 누구와 무엇을 하는지 어디에 있는지 알 수 있어야 한다. 그렇지 않으면 불안해하고 화를 낸다.

누구 한쪽만 그러는 것이 아니라 부부가 둘 다 그런다. 처음에 알게 되었을 때는 옆에서 보는 내가 다 짜증이 났다. 이 부부에게는 서로에 대한 믿음과 자유가 없었다.

이유를 들어보니 처음에는 남편만 그랬단다. 남편의 심한 집착으로 힘들어하던 아내가 '눈에는 눈, 이에는 이'라는의 마음으로 작은 복수처럼 남편을 따라 하기 시작했다고 한다.

그런데 지금은 둘 다 같이 하니 오히려 마음이 편하다고 한다. 난 정말 이해하기 힘들었다.

부부가 한집에 같이 살기는 하지만 각자의 생활이 있다. 남편은 남편대로 아내는 아내대로 서로의 취미와 생활을 인정하며 자유롭게 살아야 한다고 생각한다.

부부뿐만 아니라 아이들도 마찬가지다. 내가 낳았지만 나와 다른 인격체이다. 다른 사람이지 나의 소유물이 아니라는 말이다. 남편이나 아내도 서로를 믿고 존중해주고 자유로워야 한다. 시시때때로 전화해서 어디냐 뭐 하냐 물어보는 것은 관심이 아니라 집착이다.

집착은 병이라고 들었다. 왜 사랑하는 나의 남편을, 나의 아내를 환자로 만드는지 모르겠다.

집착은 사람과의 관계도 힘들게 한다. 집착하게 되면 그 관계는 절대 오래가지 못한다. 적당히 거리두기를 하는 관계가 오래간다. 좋아한다고 상대의 모든 것을 알려고 하거나 상대에게 피곤하리만치 관심을 가지면 집착으로 가는 지름길이다.

집착하는 관계의 가장 문제점은 실망이다. 너무 큰 관심과 사랑이 그에 비례하는 실망으로 돌아온다. 집착하지 않고 관계를 잘 유지하려면 적당히 거리두기를 해야 한다. 너무 큰 기대도 하지 말아야 한다. 사람에게 한 번 집착하기 시작하면 한도 끝도 안 보이는 지옥을 보게 된다. 영원히 채워지지 않는 마음의 지옥이다. 내가 아무리 사랑하고 좋아해도 집착을 하게 되면 항상 목마름을 느낀다. 혼자 천당과 지옥을 수십 번 오가고 혼자 바닷가의 모래성을 쌓았다가 부쉈다가를 무한 반복하게 된다.

예전에 처음 결혼하여 신혼일 때 남편과 맞지 않아 많이 다투었다. 사랑싸움이거나 말다툼 정도였다. 그런데 우리가 싸우는 건 싸우는 축에도 못 끼는 일이었다.

지금은 이혼해서 각자의 삶을 살고 있는 시동생 부부의 싸움은 정말 대단했다. 둘은 고등학교도 졸업하기 전에 만났다. 아이가 생겨 동거하게 되었고 아이는 둘이나 되었다. 아이 둘을 낳아 놓고 군입대 해야 하니 처지가 딱하게 되었다. 그래서 우리 부부가 많이 도와주기도 했었다. 고난의 군 시절을 지나고 집으로 돌아와 아이들을 키우며 열심히 살았다. 힘들고 어려운 날은 둘이 힘을 합치며 잘 살더니 조금 살 만하니 싸우기 시작했다.

서로 고생한 시절에 대한 보상 심리가 있는 것 같았다. 사랑도 집착으로 변하여 무서우리만치 서로에게 집착하며 힘들게 했다. 한 번 싸우면 집안의 살림이 남아나지를 않았다. 나는 그런 부부가 이해되지 않았지만 그것 또한 본인들의 삶이니 내가 상관할 바는 아니었다.

결국 아이들에게 깊은 상처를 남기고 서로에게도 평생 지워지지 않을 마음의 상처만을 남긴 채 이혼했다. 지금은 각자의 삶을 살고 있지만 젊은 날 고생한 보람도 없이 뿔뿔이 흩어지고 깨어진 가족의 마음은 어떻게 할 것인가. 아이들에게도 참 못 할 짓이었다.

서로에게 왜 그렇게 집착하는지 처음에는 이해되지 않았다. 그러나 시간이 지날수록 드는 생각은 젊은 날 고생하며 산 세월이 아까워서 더 많이 사랑하며 살려다 보니 그렇게 된 것 같다. 서로를 사랑하지 않는 것이 아니라 사랑하는 마음과 보상받고 싶은 마음이 혼돈된 것 같다. 서로 조금만 덜 사랑하고 집착하지 않았더라면 아마도 지금까지 아이들과 행복한 가정을 이루며 살고 있었을 것이다. 그 집착은 무서운 것이었다.

서로 생채기로 가득한 이혼을 하고 나서도 한동안은 그 집착에서 벗어나지 못하고 계속 서로를 찾으며 더 괴롭히고 더 힘들어하고 있었다.

집착은 나 혼자 힘든 일이 아니다. 주변 사람 모두가 힘든 일이다. 사람에게 집착하는 사람은 본인과 관계있는 사람들 누구에게도 집착의 증세를 보일 수 있다. 본인이 좋아하고 관심 있는 사람에게 보이는 이런 현상은 심하지만 않다면 오히려 좋게 보인다.

집착하지 않고 관계를 적당히 유지하는 일은 터뜨리지 않고 크고 팽팽하게 풍선을 부는 일처럼 조심스럽고 어려운 일이다. 잘하면 크고 좋지만 조금만 실수해도 금방 터져버리는 풍선 같은 마음이 사람에 대한 관심과 집착의 미세한 차이이다.

학구열 높은 부모들이 아이들에게 보이는 집착도 장난 아닌 것을 보았다. 어떤 어머니는 요즘 같은 세상에 아이에게 스마트폰도 주지 않고 공부에만 매달리는 사람을 보았다. 공부가 무엇이라고 그렇게 한참 놀며 자라야 하는 아이의 자유로움을 빼앗는지. 아이들은 무조건 뛰어놀아야 한다고 생각하는 나로서는 도저히 이해되지 않는 사람이었다.

그 어머니만 보면 숨이 가슴부터 턱까지 차올랐다. 본인이 못한 공부를 아이에게는 부족함 없이 뒷바라지해주고 싶어서라고 하는데 내가 볼 땐 본인의 공부에 대한 집착이고 착각이다. 아이는 다르다. 아이가 지금은 어려서 엄마 말을 듣지만, 청소년만 되어도 엄마 말은 듣지 않을 것이 불을 보듯 뻔하다. 어머니의 공부에 대한 집착이 곧 다가올 아이의 사춘기 방황으로 이어질까 심히 염려된다. 그렇게 집착하지 않고도 얼마든지 아이 공부도, 어머니 자신의 삶도 살아갈 수 있다.

지금은 어머니 본인은 없고 오로지 아이에게만 매달리는 삶이 안타깝다. 본인이 사는 이유가 아이라고 하니 더 할 말은 없지만 하루 빨리 정신을 차리고 현실을 직시하기를 진심으로 바란다.

사람이 살다 보면 감정이 조절되지 않아 집착을 할 수도 있다. 집착이 꼭 나쁜 것만은 아니다. 그러나 사람들과의 관계에서 집착은 분명히 문제가 된다. 집착하지 않고 관계를 유지하는 방법은 관계의 거리두기다.

좋아한다고 너무 가까이 다가가지 말고, 사랑한다고 내 것인양 다 가지려고 하지 말고 적당히 거리두기를 해야 한다. 사람들과의 관계에서 이 거리두기는 정말 중요하다. 누구와도 적당히, 너무 사랑하지 말고 적당히, 좋아하는 것도 적당히, 그래야 관계를 오래 좋게 유지할 수 있다. 적당한 거리두기가 어렵다는 것도 안다. 어려우니 노력해야 한다.

노력하지 않는 관계는 금방 깨어지는 관계가 되기 쉽다. 적당히 거리두기 하는 좋은 방법으로 집착하지 않는 관계를 유지하며 더 나은 삶의 방향으로 방향키를 돌려 보자. 우리 삶의 선장은 우리 자신이니깐.

자신의 감정을 적당하게 조절하는 힘을 키워 집착하지 않고 적당히 관계를 유지하며 살아가자.

06

내 말에 상처받는 사람은 언제나 존재한다

내가 처음 책을 냈다고 주변 사람들에게 말했을 때 책 쓰는 모습을 눈으로 직접 본 가족들 외에는 아무도 믿지 않았다. 그럴 만도 한 것이 평상시에는 책하고 거리가 먼 사람으로 보인다. 늘 사람들과 왁자하게 떠들고 목소리도 커서 시끄러운 편이다. 책이라고는 한 페이지도 들춰보지 않을 것이라 생각하지만 의외로 나는 어릴 때부터 책을 많이 읽은 사람이다.

초등학교 때에는 오빠들 훌륭한 사람 만들려고 사서 진열해놓은 전집이나 어려운 책들을 내용도 이해하지 못하면서 읽었다. 면 소재지에 있는 중학교에 가서는 학교 앞 만화방에 살았다. 지각하지 말고 타고 다니라고 스쿨 버스비를 주면 그 돈을 만화방 아저씨께 다 갖다 바쳤다고 해도 과언이 아니다. 만화방에는 중국무협지도 많았다. 물론 중국 무협지도 시리즈별로 다 읽었다. 어른이 되어서 아이들 읽히려고 산 책을 내가 먼저 다 읽고 오히려 아이들은 책을 멀리했다. 특히 소설책을 좋아해서 밤 새워 소설책 보느라 회사에 지각한 날도 많았다. 그렇게 이야기가 있는 소설이나 만화나 그런 종류의 책을 좋아했다.

그런데 내가 인간관계와 관련된 자기계발서를 썼다고 하니 누가 믿기나 하겠는가. 제일 많은 의견이 동명이인의 저자 이름을 내가 쓴 것처럼 한다고 했다. 다음으로는 그냥 장난친다고 생각하고 대꾸도 안 하는 사람이 대부분이었다. 사실 나를 드러낸 내 책을 읽으라고 말하기도 부끄러웠다. 그래서 주변에 말하는 것이 망설여졌다. 아무도 보지 않을 것 같고 아무도 사지 않을 책을 썼다고 생각하니 슬퍼졌다. 그러다 결국 주변에서 알게 되고 한동안은 내가 동네 뉴스거리가 되었다. 가는 데마다 인기스타였다. 인기스타는 원래 말도 많고 탈도 많은 법이다. 책 읽은 사람들의 반응이 궁금했다. 대부분은 칭찬이었고 감동이라는 말도 많이 들었다. 책을 읽고 울었다는 사람도 많았다. 좀 뿌듯했다.

지인 분 중 한 분은 "지가 제일 상처 주면서!!"라고 했다고 한다. 내가 사람들에게 함부로 말하고 상처 주면서 인간 관계에 대한 책을 썼다고 웃기다고 했다는 것이다. 반성이 되었다. 죽을 것 같은 상황이라 지푸라기라도 잡고 싶은 마음으로 열심히 책을 썼는데 정작 나라는 사람은 그런 책을 쓸 자격이 없는 것 같았다.

나의 말에 상처받은 사람들이 내 책을 읽으면 어떤 기분일까. 나는 남에게 상처 주는 말을 많이 하는 사람인가. 나는 나름 나를 낮추고 남들에게 잘하는 사람이라 생각하며 살았는데 남의 눈에는 그런 사람으로 보이지 않았다는 말을 들으니 좀 심란했다.

가만 생각해보니 나는 사람의 특징을 잡아 별명을 잘 지어준다. 별명을 들었을 때 기분이 나쁘면 엄청나게 상처가 된다. 별명은 남들 눈에 비친 자신의 모습이다. 신경 쓰이고 기분 나쁠 것 같다. 나의 눈에 그런 특징으로 보인다고 남들도 다 그렇게 보는 것은 아닐 텐데 내가 별명으로 부르면 남들도 그렇게 보게 되지 않을까. 내가 직접적으로 상처 되는 말을 한 것은 아마도 별명을 지어서 부르는 것 때문인 것 같다.

나는 재미로 하는 것인데 상대는 상처가 되는 아주 흔한 예가 아닐까 싶다. 앞으로는 별명을 안 짓는 것이 아니라 더 좋은 별명을 지어주어야겠다. 좀 긍정적이거나, 귀엽거나, 들으면 딱 느낌 좋은 그런 별명 말이다. 내가 지어준 대표적인 별명 몇 가지가 있다. 노래를 가수처럼 잘해서 '국민가수', 불만도 귀엽게 하는 '투덜이', 키 크고 말랐는데 사람 좋아서 '헐랭이' 등등

다 적으려면 밤을 새워야 한다. 이름이나 외모나 느낌으로 주로 별명을 지어주는데 내 생각에는 별명을 부르면 더 친근하고 편한 사이가 될 거라고 생각했다. 그런데 정작 별명의 주인은 그렇지 않았나 보다. 그래서 상처가 되었나 보다. 상처 주려고 한 것은 아닌데 상대가 상처가 되었다면 그건 내가 잘못한 것이다.

내 말에 상처받는 사람은 언제 어디라도 존재한다. 사람이 살면서 어떻게 상처 주지 않고 상처받지 않으며 살 수가 있겠는가. 또 상처 주고 싶어서 일부러 나쁘게 말하는 사람도 없을 것이다. 사람들과는 누구라도 잘 지내고 싶고 좋은 관계를 유지하며 살고 싶은 것이 사람의 마음이다. 상처 주는 말을 하는 사람은 상대방이 상처받는 줄 모른다.

상처받는 사람만이 상처 되는 말을 안다. 같은 말이라도 자신의 감정 상태나 기분에 따라서 다르게 들리기 때문이다. 자신과는 아무 상관 없는 말도 기분 나쁜 상태에서는 상처 되는 말로 들릴 수 있다. 욕을 해도

기분이 날아갈 듯 좋은 상태라면 다 이해하고 신경 쓰지 않는다. 누구라도 상황에 따라서 내 말에 상처받는 사람은 존재한다는 말이다.

가볍게 던지는 농담에도 쉽게 상처받는 사람이라면 내가 아니라 누구와 있어도 그럴 것이다.

볍씨는 그냥 보면 탄수화물이지만 흙에서 싹을 틔우고 벼로 자라면 한 알의 볍씨라도 수백 수천의 쌀을 만들어 낸다. 작은 한 알의 볍씨가 얼마나 대단한가. 볍씨뿐만이 아니라 도토리는 참나무로 자란다. 한 알의 은행도 은행나무로 자란다.

하물며 식물도 그러한데 우리 사람은 어떻겠는가. 작고 여린 아이가 자라서 나라를 좌지우지하는 대단한 인물이 된다. 잘난 것 없이 별것 아닌 것 같은 사람도 신박한 아이디어로 큰 돈을 버는 사업가가 된다.

사람들은 누구나 다 그렇게 무한한 가능성과 능력을 지니고 태어났다. 쉽게 상처받는 여린 감정 때문에 그렇게 대단하게 태어난 것들을 포기하면 안 된다. 더욱이 사람들과의 관계를 어려워한다면 능력을 발휘하기가 힘들어진다.

쉽게 상처받지 말고 좀 더 단단한 내면의 힘을 키워보자. 작은 볍씨 한 알도 결국에는 수 많은 쌀을 만들어 낸다. 도토리 한 알도 숲의 새가 쉬고 바람이 지나가는 큰 참나무가 된다. 그 한 알들이 그런 결과들을 만들어 내기까지는 많은 비와 바람과 해충과 싸워야 했다.

아니 그보다 훨씬 크고 많은 고난들이 있었을 것이다. 그러나 다 이겨내고 결국은 쌀로 나무로 키워냈다.

우리는 사람들과의 관계에 작은 한 알의 볍씨나 도토리를 키워보면 어떨까. 작지만 소중한 관계의 씨앗에 물을 주고 가끔 바람이 지나가고 해가 비치는 곳에 두어 싹을 틔우고 정성을 쏟으면 마침내 관계의 나무가 되어 커질 것이다.

우리는 삶을 살아가면서 사람과의 관계가 없이는 살 수가 없다. 태어나면서부터 관계가 시작된다. 부모와 형제자매와의 관계부터 자라면서 학교에 가서는 선생님과 친구들과의 관계가 있다. 학교를 졸업하고 직장에 가면 직장동료들과 상사와의 관계, 연인과의 관계, 결혼하면 부부와 자식과의 관계 등 관계의 연속이다.

이렇듯 관계로 맺어져서 살아간다. 누구와도 잘 지내는 관계면 얼마나 좋을까. 하지만 대부분은 이 관계에서 오는 어려움이 크다. 잘하지 못하는 이 사람들과의 관계로 인한 우울증이나 대인기피증을 호소하는 사람이 많다. 마음의 여유를 가지고 서로 다름을 인정하면 조금씩 관계가 좋아진다. 각 개인이 가진 특징과 인성이 다 다르다. 그런데 나에게만 맞추는 것은 말이 안 된다. 물론 상대에게만 다 맞추어도 안 된다. 그러다 보면 나의 스트레스가 너무 커서 오히려 좋은 관계를 만들기는 더 어려워진다.

언제나 모든 사람과 잘 지내기는 힘들다. 누구라도 나에 대한 안 좋은 소리를 할 수 있다고 생각하면 편하다. 느낌도 생각도 기분도 다 다르다. 그러니 다름을 인정하면 내 마음에 여유가 생긴다. 내 말에 상처받는 사람은 언제나 어디라도 존재한다. 서로 다르니깐.

관계에 대해 너무 잘 지내고 싶다는 집착만 걷어내면 누구와라도 가볍게 편하게 잘 지낼 수 있다. 나의 내면에는 단단한 마음 근육을, 나의 머리에서는 서로 다름을 인정하면 큰 문제 없이 좋은 관계 속에서 살아갈 수 있다.

07

상대방에 대한 이해와 존중이 먼저다

한 직장을 30년 넘게 다닌 사람이 있었다. 어릴 때부터 공부 잘한다는 소리를 듣고 자랐다. 그래서 학교 졸업하자마자 좋은 직장에 취업이 되었다. 연봉도 좋고 일도 그리 어렵지 않아 평생 직장으로 생각하고 열과 성을 다해 일했다. 같은 곳을 오래 다니다 보니 직장 동료들과도 가족처럼 잘 지낸다. 동료의 가족과도 허물없이 지내서 불만이 없었다. 결혼도 하고 아이들도 함께 키우며 서로 의지하고 격려하며 집안 대소사도 챙기며 잘 지냈다. 성공한 인생 같고 별 불만 없는 직장생활이었다. 나름 베테랑이니 일도 수월했다.

그런데 어느 날, 사장님의 어린 아들이 회사에 출근하면서부터 문제가 생기기 시작했다. 사장은 아들에게 회사를 물려주고 싶은 마음에 일 배우라고 회사로 불러서 일을 시키지만 사장의 어린 아들은 일할 마음이 없었다. 이미 아버지가 물려줄 것이 뻔하니 본인은 일할 필요가 없다는 것을 눈치채고 사람들을 괴롭히기 시작한다.

젊은 날부터 오직 한 회사에 충성을 다한 베테랑 직원들이 월급만 많이 받아 가는 꼰대라고 생각한다. 일도 대충 하고 시간만 때우는 것 같아 보여 눈엣가시로 여긴다. 사사건건 딴지를 거니 여기저기서 불만이 쏟아진다. 일은 직원인 본인들이 더 잘 알지만 그래도 사장의 아들이니 불리한 것은 직원들이다.

가만히 보고만 있을 수 없어서 한마디 했더니 불만 있으면 나가라고 되레 큰소리친다. 더러워서 못 해 먹겠다고 당장 때려치우고 나오고 싶어도 가족들 생각하며 참는다. 옆에서 동료들이 위로해주니 참는다. 지금은 꾹꾹 눌러 참고 있는데 앞으로가 고민이다.

이제 아들이 사장으로 바뀌게 되면 문제는 더 커질 것이다. 학교 졸업하고부터 지금까지 다닌 직장이라 다른 곳은 생각 안 해봤는데 어쩔까 싶다. 다른 곳으로 옮긴다 해도 나이가 많아서 받아줄지도 걱정이다. 매일 밤 잠이 오지 않는다.

아무리 기술이 있고 실력이 좋아도 평생 직장이라 생각하고 안일하게 있으면 안 된다. 저 분이 조금만 본인의 미래를 준비하고 자기 계발이라도 했다면 이런 위기가 닥쳤을 때 좀 더 스트레스 덜 받았을 것이다. 그러나 그런 준비가 안 되었다면 방법을 바꾸면 된다.

역지사지로 입장 바꾸어 생각해보면 사장 아들은 앞으로 본인이 운영할 회사이니 구시대적인 것은 버리고 뭔가 재정비하고 싶을 수도 있다. 그러니 오래되고 월급 많이 주는 직원이 당연히 싫을 수 있다. 살던 대로 살지 말고 본인이 상대를 먼저 이해하고 존중하는 마음이 있다면 분명히 사장 아들에게도 그런 마음은 전달된다.

사장 아들의 특장점을 잘 파악하여 장점은 부각시키고 단점은 덮어주며 아들의 비위를 잘 맞추어 살아남으면 된다. 일 적인 면에서도 "30년을 다닌 내가 더 잘 알지 니가 뭘 아냐?" 이렇게 생각하지 말고 머리를 좀 더 유연하게 하여 젊은 사람의 의견도 들어줘 보자.

상대방을 먼저 이해하고 대처하면 내가 더 수월해진다. 나의 오랜 시간만 보상받으려 하지 말고 상대방의 의견을 존중해주고 젊고 유연한 아이디어를 인정해주면 상황은 얼마든지 달라질 수 있다. 내가 전문가라고 생각하고 자부심 가진 면이 있긴 하지만 조금만 달리 생각해보면 그 오랜 시간과 기술은 요즘에는 별로 안 쳐주는 것일 수도 있다.

상대방의 입장을 먼저 이해하고 의견을 존중해주면 나의 의견을 들어 주는 순간이 올 것이다. 나의 마음을 이해해주려고 노력하는 모습을 보일 수도 있다. 사람은 다 상대적이라서 내가 먼저 상대를 존중해주면 상대방도 나를 절대 무시 못 한다.

처음에는 30년 내 청춘을 바친 회사에서 자신을 쫓아내려 한다고 신세 한탄하더니 요즘은 사뭇 다른 얼굴로 다닌다. 인정할 건 인정하니 마음이 한결 편하다. 지금은 회사에서 사장 아들 비위 잘 맞추고 눈에 나지 않도록 잘해야 한다. 그리고 언제라도 나가라면 자신 있게 나갈 수 있도록 자기 계발과 인생 2막을 준비하고 있어야 한다는 위기를 절감했다.

이 분이 생각을 이렇게 바꾸지 않고 계속 처음처럼 본인만 옳다고 사사건건 부딪쳤다면 아마도 진작에 회사를 그만두었을 것이다. 사장 아들을 욕하고 더러운 세상을 욕하며 술로 세월을 보내며 살고 계시지 않았을까.

상대방을 인정하고 이해하니 서로에게 다 좋다. 오는 말이 고와야 가는 말이 고운 것처럼 사장 아들도 이분을 인정하고 존중해주니 서로 좋은 일임이 틀림없다.

모든 일은 사람이 하는 일이다 보니 사람이 해결할 수 있고 사람과의 관계도 다 사람이 문제이니 사람이 풀 수 있다. 한 직장에 오래 다닌 사람은 정말 끈기 하나만큼은 인정해야 한다. 직장에 가보면 정말 별별 사람이 다 있다. 가족보다 오랜 시간을 이러저러한 사람들과 잘 지내며 일까지 한다는 것은 정말 대단한 것이다. 오래 다녔다는 말은 일도 잘한다는 말과 일맥상통한다. 일은 잘해도 사람들과 못 지내고 그만두는 직원이 태반이다. 나와 다른 사람들과 어울리며 잘 지내는 일은 스트레스가 이만저만이 아니다.

일도 잘하고 동료들과도 잘 지낸다면 금상첨화겠지만 그런 사람은 지극히 드물다. 같은 상황을 놓고도 생각과 말이 다 다르다. 사람은 다 다르니 잘 지내려면 그냥 모든 사람이 다름을 인정하는 것이 편하다. 나와 다른 것을 인정하지 못하고 고집을 부리는 사람은 결국 혼자 외롭다.

나와 다른 상대방을 이해하면 관계가 좀 더 좋아지고 오히려 나와 다른 점이 매력으로 느껴질 수도 있다. 내가 하지 못하는 것을 하는 모습이 대단해보일 수 있다. 나한테는 쉬운 일인데 상대는 나를 칭찬하고 좋아해줄 수도 있다. 살다 보면 정말 재미있는 것 또한 사람과의 관계인 것 같다.

아이들이 아직 어릴 때 하도 권유하길래 보험회사에 잠시 6개월 정도 다닌 적이 있다. 처음에는 교육만 받으면 돈을 준다길래 아이들 유치원 보내놓고 시간을 내서 교육받았다. 그런데 교육 다 받고 시험 치고 나니 한 2개월 실적이 있어야 월급을 준다고 한다. 이미 교육받은 것도 아깝고 아이들 유치원비라도 벌어보자는 마음으로 영업을 다녔다.

하지만 이 보험 영업이라는 것이 집에서 아이 키우며 살림하던 여자가 하기에는 좀 벅차고 힘든 일이었다. 사람을 만나서 거절당하는 일부터 시작해야 했다. 만나자고 전화하는 일부터 손 떨리고 머리가 하얘지는 일이었다. 안 해본 일이라 처음에는 너무 힘들어서 뒷 목이 뻣뻣해지고 눈이 잘 안 보이는 현상이 나타났다. 그래도 참고 용기를 내어 시키는 대로 사람을 만나고 계약을 따오고 했다. 하다 보니 계약되는 성취감도 있고 보람도 있었다.

처음 월급을 받은 날에는 외식도 하고 좋았다. 아이들 유치원 간 시간만 일하면 되겠다 싶어서 본격적으로 열심히 했다. 두 달 석 달 시간이 지날수록 월급도 많아지고 실적도 많아져서 점점 일하는 재미도 있었다.

그러던 어느 날부터인가 사람들이 나를 대하는 태도가 달라진다는 걸 느꼈다. 일반 사람들은 보험 넣으라고 할까 봐 나를 피하는 것 같았다. 회사 동료들은 젊고 어린 내가 실적도 높고 일을 잘하니 본인들 고객 뺏길까 봐 나를 피하고 멀리하는 것 같았다.

일일이 고객에게 전화하고 찾아가고 하는 일도 내게는 벅차고 힘든 일인데 같은 일 하는 직장 동료들의 질투 어린 따돌림은 정말 견디기 힘들었다. 그때 내 나이가 좀 많았다면 어떤 상황이라도 아랑곳하지 않고 일을 했을 텐데 그런 시선을 감당하기에는 나는 너무 어렸다.

마감하러 사무실에 들어가면 나만 바다 위에 떠 있는 섬처럼 덩그러니 있었다. 내 일만 하고 나오기에는 뒤통수가 너무 따가웠다. 나는 그때 어려서 몰랐다. 사람들과 소통하고 배려해야 하는데 그냥 내 일만 하면 되는 줄 알고 시키는 일만 열심히 하다 보니 실적은 좋은데 사람들이 싫어했다. 보험회사의 특성상 여자들이 대부분이다 보니 그런 것이 더 심했다.

결국 이겨내지 못하고 6개월 만에 퇴사했다.

내가 같은 동료들에게 좀 더 잘해주고 동료들과 관계가 좋았다면 어쩌면 보험 여왕이 되었을 수도 있었을 것이다. 나는 상대방을 이해하고 배려하는 마음이 부족했다. 함께 서로 나누는 마음이 부족했다. 그래서 그 위기를 못 넘기고 퇴사한 것이다. 나는 나만 아는 이기적인 동료였다. 그래서 다른 동료들의 마음을 얻지 못했다. 직장생활이라는 것이 나 혼자 잘한다고 되는 것도 아니다. 함께 나누고 함께 해야 하는 일이 있다.

영업직에서도 그러한데 다른 직장은 오죽하겠는가. 돌이켜 생각해보면 나는 어린 탓도 있었지만 처음 해본 직장생활이다 보니 방법을 몰랐던 것 같기도 하다.

사람들과의 관계는 언제나 상대를 이해하고 인정하는 것에서 시작한다. 상대방을 존중하는 마음만 있다면 어떠한 관계라도 어려움 없이 잘 지낼 수 있다. 어렵다고만 생각하지 말고 좀 더 편안하게 대하자. 상대방을 이해하고 존중하는 마음이 먼저이다 보면 모든 관계가 다 쉬워질 것이다. 내 마음이 달라지면 어쩌면 인생도 쉬워지지 않을까?

5장

모든 사람에게 사랑받을 필요는 없다

01

스스로 칭찬할 줄 알아야 살아갈 수 있다

한 시대를 풍미한 유명한 희극 배우인 찰리 채플린은 이런 말을 했다. "인생은 멀리서 보면 희극, 가까이서 보면 비극이다". 찰리 채플린은 어린 시절 가난과 고난을 겪고 부모님마저 없는 외로운 삶을 살았다. 그러나 아이러니하게도 희극 배우로 크게 성공했다. 특이한 옷차림과 제스처로 상업적으로도 상품성이 높아서 많은 돈을 벌었다.

천재였던 채플린은 힘들었던 어린 시절을 무표정하고 코믹하게 표현하여 대중에게 큰 웃음을 선사하였다. 하루라도 웃지 않는 사람은 그 하루를 헛되게 보낸 사람이라고 했다.

보통의 사람이라면 힘들고 외롭고 슬픈 현실을 한탄하며 인생을 쉽게 포기할 수도 있다. 그러나 본인의 슬픈 사연을 역이용하여 사람들에게 웃음을 주는 아이디어는 도대체 어떻게 생각한 걸까? 실로 존경스러운 인물이다.

내가 아는 두 여자가 있다. 두 여자 모두 남편이 갑자기 병으로 세상을 떠났다. 아이들이 대학 다닐 나이였다. 갑자기 병을 얻어 병원에서 치료했지만 결국 두 남편 다 돌아가셨다. 여자들은 슬픔과 절망과 그리움으로 한동안 힘들어했다. 두문불출하고 무기력하고 아무것도 할 수 없는 상태로 지내고 있었다. 아이들 일이 있을 때만 잠깐씩 나오고 전화도 연락도 하지 않으며 지냈다. 지금은 시간이 2년여를 지나고 보니 이제 두 여자 다 사람들과도 연락하고 사회로 나오기 시작했다. 그런데 두 여자가 확연히 다른 모습이다.

여자 A는 살도 많이 빼고 날씬해져서 평상시에 안 입던 예쁜 옷도 입고 다닌다. 동네 흔하디흔한 아줌마였는데 갑자기 예쁜 여자로 변신했다. 운동도 다니고 교회도 다시 나간다. 친구들과 밥 먹으러 다니고 유명한 카페에 커피 마시러도 다닌다. 뾰족 튀어나와 있던 앞니도 치과에 다니며 교정했다고 한다. 아무튼 예뻐지고 다시 나와서 다행이라 생각했다. 사람들과도 잘 지내니 보기도 좋았다.

또 다른 여자 B는 더 뚱뚱해졌다. 뚱뚱해진 자기 모습이 보기 싫어서 머리를 길러 얼굴을 가렸다. 몸도 뚱뚱한데 머리카락으로 얼굴을 가리니 보기에 답답해보인다. 밥을 많이 먹는 것도 아닌데 자꾸 살이 찐다고 한다. 살이 찌니 무릎에 무리가 될까 싶어 운동을 못 한다고 한다. 무릎뿐만이 아니라 안 아픈 곳이 없단다. 아픈 곳이 많아 약을 많이 먹으니 몸이 더 붓는다. 계속 악순환이다.

슬픔을 이겨내는 시간 동안 여자 A는 자신을 들여다보고 자신을 더 사랑하기로 했다. 남편은 죽었지만 혼자 살아가야 하니 자신의 장점을 찾으려고 했다. 할 수 있다 할 수 있다 자신을 칭찬하며 더 예뻐지려고 노력했다. 남편이 자신을 더 이상 보호해줄 수 없으니 스스로 알을 깨고 나왔다.

여자 B는 자신에게 닥친 불행을 고스란히 끌어안고 헤어 나오지를 못하고 있다. 겉으로는 웃고 있지만 죽은 남편을 아직 떠나보내지 못하고 있다. 이 세상에 더 이상 없는 남편보다 자신이 더 중요하다는 걸 인정하지 못한다. 계속되는 마음속 슬픔이 그녀를 붙잡고 있다.

나는 두 여자를 보며 많은 생각과 감정이 들었다.

자기 스스로 아끼고 사랑하고 칭찬하지 않는데 세상 누가 나를 사랑하고 칭찬하겠는가. 이 세상에 나만 슬픈 것처럼 해도 아무도 알아주지 않는다. 내 처지가 어떻든 상관없이 세상 앞에 당당해야 한다. 뚱뚱하면 어떻고 몸이 좀 아프면 어떤가. 세상 사람 다 예쁘고 다 건강하면 무슨 재미가 있나. 그런 나지만 나를 더 칭찬하고 나를 더 사랑해야 한다.

어떤 인생도 희극만 있는 것은 아니다. 가까이서 보면 비극이다. 아니 정확히 말하면 어떤 날은 희극이고 어떤 날은 비극이다. 누구라도 그렇다. 사람들과의 관계도 마찬가지다. 어떤 이와도 힘들기만 한 관계는 없다. 힘들 때도 있고 좀 나을 때도 있다. 어렵다고만 생각하지 말고 내 마음을 더 열면 상대도 내 마음을 느낄 것이다. 여자 B가 용기를 갖고 자신을 사랑하고 칭찬하며 살아갈 수 있는 날을 기대해본다.

자라나는 아이들에게 칭찬은 중요하다. 그래서 아이들에게 칭찬은 아낌없이 한다. 칭찬을 많이 받고 자라면 자신감이 생긴다. 세상 앞에 당당하게 자라길 바라는 부모님들은 어릴 때부터 많은 칭찬으로 아이들을 키운다. 확실히 눈빛에 자신감이 넘친다.

하지만 어른들은 칭찬받는 것에 익숙하지 않다. 그러다 보니 칭찬해주면 아이들보다 더 좋아하고 더 잘하려고 한다. 어른들은 칭찬받아본 적이 별로 없어서일 것이다.

이제부터는 누가 칭찬해주기를 바라지 말고 자기 자신을 스스로 칭찬해보면 어떨까. 다른 사람의 칭찬도 좋지만 나를 스스로 칭찬하고 사랑하는 일이 익숙해지면 나 스스로 자신감이 많이 생길 것 같다. 자신을 칭찬하고 자신의 장점을 살리고 자신을 더 드러내다 보면 언젠가는 한층 발전한 내 모습을 볼 수 있을 것이다.

그리고 나의 내면에서부터 생겨난 그런 자신감이 사람들과의 관계에서도 힘을 발휘할 수 있다. 쭈그러들지 말고 당당하게 행동하면 다른 사람들도 나를 함부로 하지 못한다. 상대방과 서로 대등한 관계일 때 관계도 수월하다. 누구 한 명이라도 위이거나 아래인 관계는 좋게 잘 지내기가 힘들다. 내가 나를 더 당당하게 자신감 있게 표현하면 내가 아래인 관계는 아니지 않을까.

늘 말마다 나는 못 한다는 말을 달고 사는 사람이 있다. 일에서나 사람들과의 관계에서나 항상 한 발 남의 뒤에 물러나 있다. 평상시에는 별일

없이 잘 지낸다. 그러다 무슨 일이라도 생기면 앞뒤 눈앞에 아무것도 안 보이고 머릿속이 하얘진단다. 나는 속으로 저런 간뎅이로 이 험한 세상을 어찌 살까 걱정했다.

얼마 안 가서 알게 되었다. 내 걱정은 우려였다는 것을. 내 앞에서는 약한 척 소심한 척 아무것도 못 하는 척했지만 다른 사람들과는 아주 잘 지내고 본인 일은 알아서 척척하고 있었다.

마음이 좀 상해서 연락 안 하고 지내다가 우연히 만날 일이 있었다. 잘 지내는 줄 알았는데 너무나 힘들게 살고 있다고 했다. 내가 매번 만날 때마다 자신감을 가져라, 별거 아이다 코치를 해서 그렇게 해보려고 노력했다고 한다. 그런데 말처럼 쉽지 않았다고 한다.

나는 쉬워 보였는데 자신은 너무 어려웠다고 한다. 도대체 그 자신감은 어떻게 하면 생기는지 물어본다. 자신이 없으니 사람들과의 관계도 어려워서 자신이 더 손해보고 더 많이 기다리고 더 힘들었다고 한다. 왜 그렇게 세상사 힘들어하는지 물어보았다.

자신은 어릴 적 부모님의 이혼으로 친척 집을 전전하며 불우하고 가난하고 불안정한 생활을 했다. 그러다 보니 눈치만 보게 되고 혹시나 쫓겨

날까 봐 나서지 않고 조심조심 살았다고 한다. 혼자 주눅 들어 살다 보니 세상에 일어나는 모든 일이 두렵단다.

나는 참 안됐기도 하고 그동안의 내 행동이 미안하기도 했다. 화도 살짝 났다. 다 큰 어른인데 지금 내가 해줄 수 있는 일은 별로 없고 그 사람이 가진 장점을 칭찬해주기로 했다. 나는 만날 때마다 작은 것이라도 칭찬 한마디를 꼭 해주었다.

'오늘 좀 예쁘네' , '오, 건강해보여.', '잘하고 있네.', '기특하다.' 등등 그냥 그렇지 않아 보여도 그렇다고 한마디씩 했다. 나의 칭찬 한마디로 그 사람의 인생이나 성격이 하루아침에 바뀌지는 않는다. 그래도 자신감은 조금 좋아지지 않았을까. 칭찬할 게 없어 보이면 엄지손가락이라도 세워 보였다.

그 사람의 언어가 '나도 할 수 있어!'로 바뀌어서 사람들과 지내는 시간을 행복으로 채웠으면 좋겠다.

가족도 중요하고 직장도 중요하고 친구들과의 관계도 중요하다. 세상 어느 것 하나 중요하지 않은 것이 없다. 그 많은 것 중에서 제일 중요한 것은 나 자신이다.

내가 있어야 그 많은 것들이 있다. 오늘 하루도 열심히 살아낸 나 스스로를 칭찬하자. 건강하게 아무 탈 없이 잘살고 있는 나를 칭찬하자. 작은 것부터 칭찬하고 스스로를 사랑하자. 그래야지만 더 잘 살아갈 수 있다. 내가 행복해야 모든 관계도 행복하다.

02

조금은 덜 피곤한 관계의 기술

일주일을 열심히 일하고 금요일 퇴근하면 일주일을 잘 살아낸 기특함과 쉬어도 되는 돌아오는 주말이 너무 좋아서 맥주 한잔씩은 한다. 요즘은 자기 계발이며, 운동도 하고 혼자의 삶이 대세인 시대라 술을 많이 안 마시는 것 같기는 하지만 그래도 금요일은 뭔가 다른 요일에 비해 다른 느낌인 것은 틀림없다. 직장인들은 금요일만 보고 일주일을 살아간다고 해도 과언이 아니다. 나는 남편과 일을 같이하며 출근하고 있으니 직장인이기도 하고 사장이기도 하다. 매일 출근하다 보니 주말이나 휴일의 달콤함을 잘 안다. 그래서 금요일만 되면 삼삼오오 모여서 간단하게 맥주도 한잔하고 이런저런 살아가는 이야기도 나누곤 한다.

얼마 전 금요일에도 다섯 명이 모였다. 오랜만에 만나 반갑기도 했고 금요일이기도 했고 이런저런 농담으로 시작하여 즐거운 시간이 이어지고 있었다. 그런데 갑자기 한 명이 화를 내며 다른 이를 노려보고 있어서 왜 그러냐고 했다. 다른 한 명의 태도가 마음에 안 들어서 화가 난다고 한다.

이야기인즉슨 A가 B의 다른 이들에 대한 지나친 배려와 예의 지킴이 화가 난 이유라고 한다. A는 원래 좀 안하무인이기도 하지만 남에게 배려하지 않는 이기적인 성격이다. A의 기준으로 봤을 때 B의 태도가 불만이다. B는 식당에서도 주인이나 서빙 하시는 분들이 바쁘다 싶으면 자기가 냉장고에 가서 맥주도 내다 먹고 물도 갖다주곤 한다.

식당에 불만이 있으면 말하지 못하게 하고 다음에 안 오면 된다고 한다. 지금 바른말 하면 식당 주인이 상처받는다고 절대 말 못 하게 한다. 본인이 하지 않기도 하지만 우리에게도 못하게 한다. 다른 사람들에게 상처 되는 말하는 사람을 엄청나게 싫어하는 B이다 보니 A의 이기적이고 안하무인 같은 행동을 지적한다. 그러다 보니 둘이 서로 다른 면 때문에 화가 났다. B는 집중되는 이목을 느끼고 얼굴 표정이 얼음처럼 굳어졌다.

급기야 B는 식당에서 화를 내는 A가 싫어서 먼저 집에 가버렸다. 사람들 많은 곳에서 자신을 향해 화를 내는 A가 싫어서 가버린 것이다. A는 가고 없는 B를 비난하고 자신이 화내고 있는 상황을 설명하느라 계속 화를 낸다.

왁자하게 좋던 분위기는 남극처럼 싸해졌다. 나머지 사람들도 서로 다르다는 걸 인정하지 않고 팽팽한 두 사람을 어찌해야 할지 모르겠다. 그러다 내가 나섰다. "서로 다른 성격을 인정해라. 나와 같지 않다고 화를 내면 안 된다." 등 맥주 몇 잔 먹고 수다 떨던 입이 풀려서 말이 술술 나온다. A도 화냈던 자신이 미안하기도 하고 주변에서 쏟아지는 말들이 듣기 싫었던지 자리를 박차고 나가버렸다.

간만에 금요일이라 기분 내고 있던 우리 셋은 가버린 친구들의 뒷모습을 멍하게 한참 보고 있었다. 일시적인 감정도 다스리지 못하고 분위기 망치는 친구 둘을 보면서 한동안은 만나지 않는 것이 좋겠다는 생각이 들었다.

아무리 친하고 허물없는 친구라도 서로 지켜야 할 예의가 있다. 친하다고 해서 말을 다 해야 하는 것도 아니다. A는 친하니깐 말해준다고 하는데 친해도 할 말이나 안 할 말은 분명히 있다. B의 행동이 좀 거슬리고 나와는 맞지 않더라도 A처럼 화내면서 친구를 나무라면 안 된다. A의 그런 행동은 B가 생각했을 때 자신을 무시한다는 생각이 들 수 있다.

옆에서 지켜본 나의 눈에도 B를 무시하는 태도로 보였다. 약간이라도 B의 편을 들면 오히려 나에게 더 난리를 친다. A의 그런 자기 말만 맞다고 하는 이기적인 행동은 오래전부터 나에게도 신경 쓰이고 예민해지는 문제이기도 했다.

서로 덜 피곤해지는 관계의 기술이 필요한 시점이다. 귀한 시간 내서 좋은 시간 보내려고 만났는데 서로를 피곤하게 생각하면 만난 시간이 너무 아깝지 않겠는가. 서로에게 귀한 날들인데 피곤하게 지낼 이유는 없다고 생각한다.

사람들은 나이가 들어갈수록 자신의 습관과 생각을 잘 바꾸려 하지 않는다. 살아 온 연륜이 있고 오랫동안 해 오던 습관으로 살아간다. 그러다 보니 해보지 않은 일과 새로운 생각을 한다는 것은 어려운 일이다. 그리고 남이 하는 나와 다른 행동이 이해되지 않는 경우도 많다. 남들의 행동을 유연하게 생각하고 이해하기는 점점 힘들어진다. 나와 다름을 인정하면 서로 관계가 유연해지고 편해질 텐데 내가 하는 것은 맞고 남들이 하는 것은 틀리다고 결정하면 관계가 어렵고 꼬이게 되어 있다.

조금이라도 덜 피곤한 관계를 유지하고 이어가려면 상대와 나의 다른 점을 이해하고 받아들이는 포용력이 필요하다. 나와 완전히 다른 상대방을 이해하지 못한다면 관계는 쉽게 풀리지 않는다. 서로 다르다는 것을 인정하는 관계의 기술을 익혀야 서로의 관계가 덜 피곤하다. 관계를 이어가는 일이 피곤하고 어려우면 상대에게 맞는 관계의 기술을 개발해야 한다.

어떤 이는 자존감이 낮아서 나와의 관계가 힘들다면 칭찬과 배려로 자신감을 업 할 수 있는 기술을 개발하면 된다. 또 다른 이는 잘난 척을 많이 하고 함께 있으면 피곤한 관계라면 이 사람에게 맞는 솔루션을 개발하여 함께 있어도 피곤하지 않을 수 있는 방법을 찾아야 한다.

이렇게 각자 개인에 맞는 관계의 기술을 조금만 찾아서 활용하다 보면 어느 순간에 사람들마다 다르게 대하고 있는 높은 관계의 기술을 가진 내가 되어 있을 것이다.

하루하루 먹고 살아가는 일도 복잡하고 어려운데 사람 개개인에 따른 관계의 기술까지 개발해야 하나 싶겠지만 사람들과의 관계만큼 중요한 일이 없다.

사람들과의 관계가 좋고 행복하다면 먹고 살아가는 일도 좀 수월해진다. 매일 같은 일상이 반복되고 별 재미있는 일이 없는 인생 같아도, 어느 순간 누구 한 사람 만나서 말이 통하고 좋은 관계인 것이 느껴지면 갑자기 엄청 행복한 인생인 것 같은 순간이 된다.

나의 인생에서 사람들과의 관계는 행복을 줄 수도 있고 상처와 절망을 줄 수도 있다. 같은 사람이 항상 똑같이 힘듦과 고통을 줄 수 있는 관계인 것은 아니다. 나를 힘들게 하다가도 나에게 큰 힘이 되고 다시 삶을 힘내서 살아갈 수 있게 만드는 원동력이 될 수도 있다. 그래서 살아가면서 가장 중요한 일이 사람들과의 관계라는 말을 많이 한다.

사람들과의 관계는 내가 안 만나고 안 나가면 그만이지 싶어도 그렇지 않다. 사람을 안 만나고 살아갈 수 있는 방법은 자연 속에 홀로 사는 자연인 말고는 없다. 건강이 안 좋다거나 사람들이 싫다거나 여러 이유가 있어 산으로 들어갔지만 혼자 외롭게 살아가는 자연인도 마냥 행복하지만은 않을 것이다. 사람은 사람으로 상처받고 사람으로 치유되고 사람 속에서 행복을 찾아야 하기 때문이다.

아무도 없는 산속에서 아무리 편하다고 해도 사람을 통해서 받는 위로나 따뜻함은 없다. 사람은 사람과의 관계 속에서 살아가야 진정한 행복을 느낀다. 사람들과 어울려서 울고 웃으며 살아가야 한다. 혼자만의 행복에는 한계가 있다.

요즘 젊은 사람들은 결혼은 해도 아이는 낳지 않는 추세이다. 부부 둘이 벌어서 하고 싶은 취미나 여행하고 가고 싶은 곳에 가고 원하는 일을 맘껏 하며 살고 싶은 것이다. 아이를 낳으면 돈도 많이 들지만 자신들의 그런 자유로움이 없어지고 책임이 커지기 때문에 아이를 원하지 않는다. 육아는 그 어떤 일보다 어렵고 눈을 뗄 수 없는 일이라 아이를 낳지 않고 둘만 행복하게 살기를 원한다.

그런데 그렇지 않다. 아이를 낳아서 키우는 일은 내가 세상을 창조한 것과 같은 레벨이다. 정말 대단한 일이다. 물론 말보다 육아는 어렵다. 충분히 이해하지만 육아를 하며 얻는 행복과 즐거움은 다른 곳에서는 찾기 힘들다. 누구도 누릴 수 없는 아이와 나만의 귀엽고 행복한 순간들이 있다. 저절로 웃음이 나오는 자연스러운 행복함이 있다.

사람들과의 관계도 육아와 마찬가지다. 관계는 어렵지만 관계에서 오는 행복함이 있다. 관계로 인한 즐거움이 있다. 아무 관계 없는 것보다 관계가 있어야 행복한 순간도 있다. 어려운 순간이 있어야 진정한 행복을 맛볼 수 있듯이 사람들과의 관계도 있어야 좋은 순간이 온다. 그런 순간을 위한 나만의 기술을 개발해야 관계를 조금은 덜 피곤하게 이어갈 수 있다. 나만이 할 수 있는 관계의 기술을 잘 생각해보고 조금은 덜 피곤하게 관계를 이어갈 수 있도록 노력해보자.

03

인간관계도 오늘의 날씨와 같다

후텁지근하고 습한 장마철이다. 이혼율이 제일 높은 계절이라고도 한다. 날씨는 그만큼 사람의 마음을 움직인다. 장마철에는 습하고 더우니 짜증 지수가 올라간다. 짜증 난 사람의 감정은 비슷하다 보니 서로 작은 일에도 티격태격 말다툼이 일어난다. 작은 말다툼이 평소의 불만을 끌어내서 이혼에까지 이른 사람들이 많다.

작은 말 한마디도 조심해야 하는 계절이 장마철이다. 아침에 일어나서 날씨가 쨍하고 맑으면 우리 기분도 좋아진다. 비가 추적추적 내리면 몸이 축축 처지고 일어나기가 싫어진다. 이처럼 날씨는 우리의 감정과 아주 밀접한 관계가 있다. 우리의 인생에서도 날씨가 아주 중요하다. 오늘의 날씨는 오늘의 내 운명과도 밀접한 관계가 있다.

힘든 일이 많은 날이라도 햇빛이 쨍쨍하고 맑은 날은 기분이 그리 나쁘진 않다. 맑은 하늘과 기분 좋은 온도가 나의 감정을 좋게 해주기 때문일 것이다. 반대로 안 그래도 힘든데 날씨까지 우중충하면 정말 더 힘들고 우울해진다. 비라도 내리면 좋으련만 잔뜩 찌푸린 구름 많은 날씨는 두 배, 세 배로 사람을 힘들게 한다.

사람들과의 관계도 날씨가 많이 좌지우지한다. 아침부터 우울한 날씨로 기분까지 우울해 있는데 늦게 출근한 부장님의 잔소리는 정말 사표를 던지고 싶게 만든다.

솜뭉치 같은 몸을 일으켜 막 출근하려고 하는데 뒤통수에 들리는 엄마의 걱정하는 소리는 더 회사 가기 싫게 만든다. 날씨가 좋았다면 아무 문제가 안 되는 일이다. 날씨가 안 좋으니 모든 것이 짜증이다. 날씨는 나의 하루를 결정하는 아주 중요한 요소이다.

인간관계도 날씨와 같다. 오늘은 좋았다가 내일은 흐렸다가 모레는 비가 오기도 한다. 모든 관계에 해가 쨍쨍하다면 무슨 문제가 있겠는가. 그리고 그런 사람은 거의 없다. 누구와는 비도 오고, 누구와는 구름 한 점 없는 맑은 날이기도 하다. 또 비가 오다 가도 금방 해가 뜨는 장마철 변덕 날씨이기도 하다.

이렇듯 사람들과의 관계는 시시각각 변하는 날씨와 같다. 늘 좋은 날만 있는 것도 아니고 늘 나쁜 날만 있는 것도 아니다. 이왕이면 좋은 날이 많으면 더 좋겠지만 비가 오는 궂은 날이 있으면 좋은 날의 느낌은 배가 된다.

내가 아는 어느 형제가 있다. 형님의 말이라면 팥으로 메주를 만든다 해도 믿고 의지하던 동생이 어느 날 나에게 하소연했다. 그렇게 믿고 따르던 형님이었는데 배신감을 느껴 형님이 미워 죽겠단다. 부모님이 물려주신 유산이나 땅은 형님이니깐 당연히 다 하는 줄 알고 자신은 벌어서 살면 된다 생각하고 다 드렸단다. 그리고 본인이 운영하는 공장을 이전 확장할 기회가 생겨서 조금 모자라는 자금을 형님도 아니고 누나에게 부탁했는데 해주겠다고 약속한 누나가 연락이 와서 형님이 못 해주게 했다고 한다.

동생은 너무나 섭섭하다고 생각은 했지만 모자란 돈을 더 벌어서 다음 기회에 해야겠다고 하고 넘어갔다. 그런데 이번에는 결혼하기 전에 투자

목적으로 사두었던 조그만 아파트를 형님이 자꾸 팔라고 종용했다. 작아서 돈이 되지 않는다며 팔라고 했단다.

동생은 돈이 되든 안 되든 그냥 두고 싶었지 팔고 싶지 않았다 한다. 갑자기 목돈이 필요한 것도 아닌데 지금 당장 팔라고 하니 마음은 내키지 않았지만 형님 말대로 팔았다 한다.

그런데 팔고 돌아서니 갑자기 재개발된다며 집값이 엄청 올랐단다. 너무 속이 상한 동생이 형님께 이 말을 했는데 그때부터 형님과 전쟁이 시작되었다. 동생이 생각했을 때 형님이 잘한 건 없는데 형님이 오히려 더 화를 낸다. 형님은 "어른이면서 내가 하란다고 했느냐, 네 복이 그런 것을 왜 나한테 그러느냐" 적반하장이다. 동생은 화도 나고 섭섭하기도 해서 지난 일들도 끄집어내서 말을 했다. 그랬더니 형님은 두 번 다시 보지 않겠다고 나가라고 했다. 더 화를 내며 동생을 원망하고 나무랐다.

실망했다며 동생을 내쫓았다. 동생은 그런 형님을 이해할 수 없다며 서운함에 몸서리를 쳤다. 동생의 이야기를 다 듣고 보니 동생의 서운함이 이해되었다. 믿고 의지하고 따르던 형님이었는데 본인을 바보 취급하고 섭섭하게 하니 그럴 만도 하다.

그런데 나는 이 동생에게 다 동생의 잘못이라고 하며 안 그래도 아픈 가슴에 더 상처를 주었다. 사람을 그것도 형님을 믿고 따르는 건 당연한 이치이다. 더군다나 한 분뿐인 친형님이시니 더 의지했을 것이다. 그러나 형님 말마따나 동생도 어른이다. 본인의 일을 형님에게 의논은 할 수 있어도 결정은 본인의 몫이다.

아무리 형님이 나의 재산을 팔라고 한다고 해도 내가 안 팔면 그만이다. 팔아서 큰 수익을 남기는 것도 안 팔아서 손해를 보는 것도 나의 결정이다. 형님이 조언할 수는 있지만 마지막 결정은 내가 하는 것이다. 형님을 원망할 필요도 미워할 필요도 없는 일이다. 유산도 마찬가지다. 내가 하고 싶었으면 싸움이 되더라도 나눠달라고 했어야 한다. 그런데 그때는 좋은 마음으로 드렸다면 그거도 나의 결정이었으므로 잊어야 한다. 한참 시간이 지난 후에 그때 서운했다고 말하면 무슨 소용이 있겠는가.

어느 집이라도 잘 풀리지 않는 것이 형제간의 관계이다. 가족으로 인한 관계의 어려움은 누구에게도 힘들다. 이 형제에게 닥친 먹구름이 걷히고 구름 속에 숨어 있는 해가 다시 쨍하고 뜨기를 바란다. 형님이 동생 손해보라고 일부러 아파트를 팔라고 했겠는가. 동생을 위한 마음으로 그걸 팔아서 좀 더 나은 곳에 투자했으면 해서 그랬을 것이다. 결과가 안 좋게 된 동생을 위하는 마음이 동생과 본인에게 먹구름을 끌고 왔다.

그렇지만 이 구름이라는 것이 한자리에 계속 머물러 있는 것이 아니다. 동생의 마음이 형님을 이해하게 되는 날 바람이 불거나 비가 내려 먹구름이 걷히듯 구름 뒤에 해가 뜨게 된다. 형님이 더 이상 화내지 않고 자신의 마음을 설명하여 두 사람의 관계에도 봄날처럼 따뜻한 공기가 찾아올 것이다.

사람과의 관계는 날씨처럼 언제든 변한다. 오늘의 날씨가 좋다고 해서 오늘 만나는 모든 사람과 잘 지낼 수는 없다. 그러나 날씨가 좋으면 아무래도 기분이 좋아지니 관계에 전혀 영향이 없다고도 할 수는 없다. 날씨는 아주 중요하지는 않지만 많은 부분을 차지하는 건 맞는 것 같다. 장마철에 이혼율이 높아지는 것처럼 말이다.

찬바람이 씽씽부는 겨울인데 비까지 오는 을씨년스러운 날씨 같은 관계라면 따뜻한 난로가 있는 곳으로 이동해야 하듯이 마음의 난로에 불을 피워야 한다.

불을 지필 수 있는 사람이 필요하다. 부부간의 관계라면 둘을 이어주는 귀여운 아이가 따뜻한 불을 지피는 사람이 될 수 있다. 직장에서의 관계라면 퇴근 후의 포장마차에서 나누는 소탈한 대화와 소주 한잔이 될 수도 있다.

한여름의 비 오는 날 같이 어중간하고 애매한 관계라면 비가 갠 후의 맑은 하늘처럼 투명하고 진실된 대화와 소통이 필요할 것이다. 비가 오나 눈이 오나 바람 불어도 언제나 한결같은 사람들과 좋은 관계는 삶의 질을 높여준다.

행복의 조건에는 여러 가지가 있다. 나를 중심으로 돌아가는 지구에서 나를 소중하게 생각하고 나의 감정을 잘 들여다보면서 나의 행복을 찾아야 한다.

살다 보면 쨍하고 맑고 좋은 날도 있고, 슬프고 힘들고 흐린 날도 있다. 폭풍우가 덮치고 장대비가 쏟아지는 날도 있다. 손발이 꽁꽁 어는 추운 겨울날도 있고, 땀이 비 오듯이 흐르는 숨이 차는 한 여름날도 있다. 이런 날 저런 날 수시로 변하는 날씨처럼 우리가 살아가는 모든 관계도 수시로 변한다.

언제든 변하는 날씨 같은 맞추기 어려운 관계도 나의 감정만 잘 다스리면 그리 어렵지 않게 대처할 수 있다. 나를 잘 다스려서 변덕쟁이 날씨 같은 관계를 좀 더 쉽게 한다면 나의 행복은 그리 멀리 있지 않다.

나의 행복한 관계의 기술은 오늘의 날씨 같은 관계를 잘 보고 우산을 쓸 것인지 양산을 쓸 것인지를 결정하면 된다. 나의 인생도 관계도 날씨도 언제나 맑음이면 좋겠다.

04

나를 소중하게 여기기

너의 운명의 별은 너의 마음속에 있다. 라는 글을 읽은 적이 있다. 내 인생의 모든 일은 나로 인해 일어난 일이다. 나를 중심으로 세상이 돌아간다. 내 운명은 내가 쥐고 있다. 내 운명의 별이 얼마나 빛날 수 있는지는 나에게 달려 있다. 한때는 별이 없다고 생각하고 절망한 날도 많았다. 그러나 이제는 안다. 내 별은 그때도 반짝이고 있었고 지금도 미래에도 늘 반짝이고 있다는 것을.

어린 시절 시골에서 자랄 때에는 밤하늘에 별이 정말 많았다. 옥상에 누워서 별을 가만히 올려다보고 있으면 별이 강물 흐르듯이 흘러간다. 과학적으로 설명하면 지구가 자전하는 것이지만 어린 나의 눈에는 별이 은하수 따라 흘러가는 것처럼 보였다.

밤하늘의 별을 보며 상상의 나래를 폈다. 도시에 가서 멋지게 성공하는 모습도 상상하고, 멋진 남자를 만나서 연애하고 결혼하는 모습도 상상했다. 삐까 번쩍 하는 승용차를 타고 와서 부모님의 자랑이 되고 싶기도 했다. 여름밤에는 마당에 있는 평상에 누워서 더 많은 별을 보다가 잠이 들곤 했다. 별은 언제나 나의 친구였다.

어른이 되어 사회에 나와서는 별을 잊고 살았다. 도시의 밝은 불빛들에 별은 보이지 않았다. 나도 사느라 바빠서 별을 잊고 살았었다. 그러다가 어느 힘든 날 강물에 비친 달을 보고 있다가 우연히 올려다본 하늘에 반짝이는 별을 보았다. 너무 힘들고 괴로운 날들이어서 정신을 못 차리고 있을 때였다. 나는 오랜만에 본 별을 보고 눈물이 났다.

흐르는 강물을 보며 극단적인 생각을 하고 있던 나였다. 내 앞에 닥친 힘든 현실을 부정하고 싶었다. 다 끝내버리고 싶은 그런 순간이었다. 하지만 별을 보고 울고 나니 마음이 좀 진정되는 것 같았다. 그 후로도 여러 번 강물을 보며 마음을 진정시키러 갔는데 별이 보이는 날도 있었고 구름에 가려 보이지 않는 날도 있었다. 나는 시간이 지날수록 내 마음에 있는 별을 보려고 노력했다. 내 운명의 별이 반짝일 수 있도록 마음의 다짐을 다시 했다.

인간의 마음은 참 간사하다. 조금 전까지는 죽을 것 같다 가도 잠시 마음이 진정되면 또 살 힘이 생긴다. 그냥 그 자리에서 빛나고 있는 별이고, 흐르고 있는 강물인데 나의 마음에 따라서 나를 죽을 수도 있고, 살릴 수도 있다.

사람의 마음은 참 알다가도 모르겠다.

내 마음의 별을 다시 반짝이게 하고 싶은 강렬한 열정이 일어났다. 나는 이만한 일에 넘어질 사람이 아니란 생각이 들었다. 내가 없으면 더 이상 이 세상은 존재하지 않는다.

나는 별보다, 강물보다 훨씬 중요한 존재이다. 지금 나에게 닥친 시련과 고난은 나를 더 단단히 하기 위한 것일 수도 있다. 지금은 내가 죽을 만큼 힘들어도 언젠가는 나도 누군가에게 도움이 되고 힘이 될 날이 있을 수도 있다. 누군가의 희망이 될 수도 있다. 내 아이들에게도 가족에게도 더 괜찮은 사람으로 살다 가야 한다. 내가 이 세상에 온 이유가 분명히 있을 것이다.

내 운명의 별이 반짝거리며 빛날 수 있는 그날을 상상해본다. 나를 소중하게 생각하면 자신감도 생긴다. 자신감이 생겨야 나아갈 힘도 생긴다. 소중한 나를 위해 다시 툴툴 털고 일어나서 살아가다 보면 나의 별이 반짝이는 날은 반드시 온다.

인간관계에서 제일 중요한 것은 공감이다. 나이와 성별을 떠나서 말이나 행동이 공감된다는 것은 쉬운 일이 아니다. 공감된다는 말은 서로 관계 좋게 살아갈 수 있다는 말이다. 공감된다는 말은 이해된다는 말이기도 하다. 상대방의 말이나 행동이 이해되면 나빠질 관계는 없다. 사람들과의 관계만 좋아도 살아가는 일이 훨씬 수월하다.

그런데 공감한다는 것은 오롯이 상대방을 이해하고 받아들이는 일이기 때문에 웬만한 사람은 하기 힘들다. 상대방에 대한 무한 배려와 경청이 있어야 할 것 같다.

상대방의 말을 잘 듣고 공감하려면 나 자신부터 나를 들여다보고 나를 알아야 한다. 나는 어떤 사람인지, 내가 좋아하는 것은 어떤 것인지, 내가 싫어하는 것은 또 어떤 것인지. 나를 알아야 상대방에게 공감하는 일이 쉬워진다. 나의 마음을 알아주고 나를 잘 들여다보자.

상대의 마음을 움직이는 공감의 힘으로 하는 협상마다 이기는 어떤 유명한 협상가의 이야기를 들은 적이 있다. 협상가들이 쓰면 안 되는 말인 금기어가 있다고 한다.

예를 들어 화가 많이 난 사람이 가족을 인질로 인질극을 벌였다고 하자, 협상가가 찾아가서 첫 번째 금기어인 "선생님, 진정하세요." 하면 이미 화가 많이 나 있는 인질범은 더 화가 난단다. 그럴 땐 "화가 많이 나셨군요." 하고 공감해주어야 한다고 한다.

두 번째 금기어는 "이해합니다."이다. 오늘 처음 본 협상가가 이해한다고 하면 누구라도 믿어지지 않는다. 사정이 어떤지도 모르면서 무조건 이해한다고 하면 안 된다. 그럴 땐 "무슨 일인지 듣고 싶습니다."라고 하며 진정시켜야 한다.

세 번째 금기어는 "나오세요."이다. 아직 화도 안 풀렸고 원하는 것을 얻지도 못했는데 나오라고 하면 상대방은 더 많이 화가 난다고 한다. 그럴 땐 "무슨 일이 있었어요?"라고 해야 한다고 한다. 상대방의 이야기를 들어주고 공감해주고 원하는 바를 들어주면 화가 가라 앉는다. 화가 누그러지면 이성이 돌아오고 더 큰 일 일어나기 전에 마무리할 수 있다.

결국의 협상이라는 것도 공감이다. 나를 이해해주고 공감해주면 협상이 되는 것이다. 내 말에 공감해주고 이해해주는 사람이 없어서 화가 났는데 들어주고 이해해주고 공감해주니 마음이 풀리고 살인도 면하게 되는 것이다.

사람들과의 관계가 좋은 사람들의 공통점도 잘 보면 공감이다. 가족 간에도 직장에서도 친구들과도 공감하고 들어주면 모든 관계가 쉬워진다. 가장 공감되는 관계는 보통 친구와의 관계이다. 친구는 같은 시대를 살아가고 나이도 비슷하다 보니 특히 공감이 잘된다. 그래서 눈빛만 봐도 통하고 웃는다. 눈만 마주쳐도 상대가 무슨 생각하는지 알 것 같은 순간이 많다. 친구와의 관계는 가장 공감되고 이해되고 위로가 되는 좋은 관계이다.

직장에서도 같은 일을 하고, 많은 시간 함께 일하다 보면 서로 공감하는 부분이 많은 것 같다. 같은 일을 하지 않더라도 함께하는 시간이 많으면 상대를 이해하기 쉽다. 가장 공감되지 않는 사람들이 가족이다.

가족은 어쩌면 제일 잘 통하고 이해하고 공감하는 관계여야 한다. 그러나 세대도 다르고 말하지 않아도 이해해줄 것 같은 기대치가 높아서인지 소통에 어려움이 많다. 공감되지 않는 부분이 많다. 부모 자식간에도 그렇고 부부 간에는 더더욱 그렇다. 부모와 자식 간에는 살아온 세대가 다르고 나이 차가 많이 나서 그렇다고 생각할 수도 있다. 그러나 부부는 어떨 땐 정말 같은 한국말을 하고 있는지 의심스러울 정도로 소통되지 않는 부분도 많다. 답답할 때가 한두 번이 아니다.

내가 제일 소중하다. 가족 간에도 친구들과도 직장에서도 내가 제일 중요한 사람임을 잊지 말자. 내 마음의 별을 찾아서 내 운명을 내 마음대로 살아가는 일은 정말 중요하다. 내 운명을 내 마음대로 살려면 사람들과의 관계도 잘해야 한다.

들어주고 이해하고 공감하며 서로 좋은 관계를 유지하며 살아가는 일은 내 운명의 별을 반짝이게 할 수 있는 아주 중요한 일이다. 더 좋은 관계가 더 좋은 인생을 살아갈 수 있는 디딤돌이 된다. 이렇게 소중한 나의 마음을 잘 들여다보고 더 나은 내가 되어야 한다. 더 이상 다른 사람들의 말이나 행동으로 인해 마음 다치지 않고 살아가야 한다.

더 행복한 나로 살아가기 위해서는 나를 더 소중하게 여기자.

05

당신과 우리 모두는 가치 있는 존재다

당신은 가치 있는 존재인가? 가치가 있다면 그 가치가 얼마나 된다고 생각하는가? 내가 가치 있는 존재이긴 한 걸까. 여기까지 생각이 미치니 잠시 집중해서 나 자신을 돌아보는 시간을 가져야겠다는 생각을 하게 된다.

그냥 하루하루를 의미 없이 살아가다 보면 나의 가치에 대한 생각 따위는 해볼 시간이 없다. 일부러 시간을 내서 나의 가치를 따져보는 사람이 몇이나 될까. 나의 가치를 알아주는 시간은 필요한 것 같다. 나는 충분히 가치 있는 존재란 생각이 들기 때문이다. 이 세상에 단 한 명뿐인 나의 가치를 알게 된다면 남은 생을 살아가는 일이 좀 더 수월해 지고 자신감 있게 살아갈 수도 있겠다는 결론이 나온다.

나의 가치를 높이는 일이 꼭 좋은 대학을 나오고 높은 스펙을 가진 것을 말하는 것만은 아닐 것이다. 물론 높은 스펙은 그만큼 시간을 들이고 노력한 댓가이니 자신의 가치를 높이는 것일 수도 있다. 그러나 그렇지 않은 사람도 얼마든지 자신의 가치를 높게 평가할 수 있다.

또 한 가지, 가치는 꼭 높아야 좋은 것이라 생각하지 않는다. 자신이 가치 있는 존재란 것을 알고 있는 것만으로도 충분하다.

누구나 한 번쯤 무기력함에 빠지는 경험을 해보았을 것이다. 나는 첫 아이를 낳고 둘째를 임신했을 때 정말 이렇게까지 사람이 무기력해질 수 있나 싶을 정도로 심하게 무기력에 빠져 있었다. 첫째 아이가 아직 어린데 내 몸은 천근만근 땅속으로 끝도 없이 기어 들어가니 정말 힘든 시간이었다. 한 번 찾아온 무기력함은 쉽게 없어지지 않았고 소파와 침대에서 일어나지를 못할 정도였다. 아마도 출산 후 우울증과 둘째 임신으로 호르몬이 정상적이지 않은 영향인 듯 하다. 그러나 그때는 원인도 모르고 계속 누워만 지냈다.

다행히 다니던 회사를 그만두고 우리 집에 놀러 온 동생이 첫째 아이를 많이 케어해주어서 그나마 살 만했다. 그때의 무기력함이란 정말 더 이상 삶에 의미가 느껴지지 않을 정도로 심각했었다. 간간이 TV에서 아이와 함께 아파트에서 뛰어내린 엄마의 심정이 이해될 정도였다. 아이를 품은 여자가 먹지도 않고 계속 누워만 지내니 남편의 걱정이 이만저만이 아니었다. 청소도 밥도 하지 않고 계속 누워 있으니 첫째 아이는 아예 엄마에게 오지도 않고 자기를 챙겨주는 이모와 자고 놀았다.

지금 생각해도 그때처럼 무기력하고 살기 싫은 날도 없었던 것 같다. 사람의 몸은 마음이 지배하는 것이 맞는지, 먹고 싶지도 않고 아무런 의욕이 없으니 그냥 이대로 죽으면 어떨까 하는 생각도 들었다. 임신 중이었지만 먹지를 않으니 몸이 말라서 더 힘들었다.

나는 도대체 어떤 것을 할 수 있는 사람인지. 내가 아이 둘을 키우며 살 수 있는 사람인지도 의문이 들었다. 절망과 무기력에 완전히 정복당한 채로 몇 달을 겨우 살았다. 어느 순간엔 모든 것을 내려놓고 싶었다. 그런 시간이 꽤 오래갔지만 절망의 늪에서 나오는 일도 쉬운 일은 아니었다. 둘째를 낳고 아이 둘의 육아로 정신없는 와중에 또 우울증을 동반한 무기력함이 왔다.

아이 둘을 키우다 보니 내 몸 챙길 시간과 여유가 없어 에너지가 부족하여 우울하고 무기력해졌다. 한 번 겪어본 일이고 현실 육아를 하다 보니 이번에는 빨리 이겨냈지만, 순간순간 찾아오는 무기력함에게는 늘 무기력해졌다.

이런저런 시기를 다 이겨내고 아이들이 좀 자라서 어린이집을 가게 되었을 때는 정말 감동적이었다. 고사리 같은 손으로 만들어오는 종이 카네이션을 보고 감동의 눈물을 흘리기도 했다. 틀린 박자라도 맞추어 추는 꼬물거리는 춤사위는 울다가 웃다가를 반복하는 바보 엄마로 만들었다. 아이들이 잘 자라주어 삶의 기쁨과 행복 또한 컸다.

젊은 날 아이들이 어릴 때 겪은 우울증과 무기력함을 잘 이겨낸 보람이 있었다고 생각했고 아이들에게 충실하지 못한 순간들이 미안했다. 아이들도 크고 집에만 있는 성격이 안 되다 보니 일을 찾아보기로 했을 때 가장 많이 절망했다. 아이들을 돌보면서 할 수 있는 일이 그 어디에도 없었다. 그리고 내가 잘하는 일도 없었다. 대학을 나온 것도 아니고 스펙이 있는 것도 아니고 그렇다고 집에 돈이 많은 것도 아니었다.

가진 것이라고는 젊다는 것과 무슨 일이든 시켜만 주면 할 수 있을 것 같은 자신감, 그리고 내가 돌봐야 하는 나의 아이들이 있었다. 결국 직장은 포기하고 남편 일이나 도우며 살아야 했다. 이번에도 무기력함과 우울함이 찾아왔다. 내가 이 세상에 할 수 있는 일이 없다는 것에 절망했다. 아이를 키우고 몇 년 집에 있었더니 사회는 빠르게 변하고 있었고 나는 한참 뒤처진 듯한 느낌이었다. 나의 존재가치를 찾지 못했다. 그냥 매일 똑같은 일상이 싫었다. 할 수 있는 일도 없이 하루하루 무의미하게 살아가는 내 모습이 너무 싫었다.

아이들이 더 자라서 내 손이 필요 없을 때쯤 다시 일하게 되더라도 할 줄 아는 것이 있어야 되겠다 싶어서 일단 컴퓨터를 한 대 샀다. 동네 여자들은 할 줄도 모르는 컴퓨터를 샀다고 말이 많았지만, 신경 쓰지 않고 나는 뭔가를 배워볼 요량이었다.

아이들 유치원 가고 없는 시간에 뜨개질이나 바느질 같은 것을 배우러 다니는 여자는 많았지만 컴퓨터를 사는 여자는 내가 유일했다. 예나 지금이나 내가 좀 특별하긴 했다.

집안에 컴퓨터를 놓고 당장 할 수 있는 일은 없었지만, 인터넷으로 옷도 사고 살림살이도 사고 아이들에게 유용한 팁도 보고 요리도 배웠다.

사는 것이 한결 재미있어졌다. 무기력하던 나에게 컴퓨터와 인터넷 세상은 또 다른 세상이었고 꿈이었다. 지금은 아무것도 못 하지만 언젠가 인터넷 세상으로 들어가서 살게 될 것 같았다. 활기가 살아나고 무기력함을 날려버릴 수 있는 일이었다.

그 후로는 인터넷 고스톱에 빠져서 밤잠을 설치던 날들이었다는 기억이 있다. 실제로 사람들과 자주 심심풀이로 고스톱을 치긴 했어도 빠른 속도로 남들과 인터넷 안에서 치는 고스톱은 출구가 없을 정도로 중독되었다. 뭔가 새롭고 흥미로운 일을 찾고 배우려고 산 컴퓨터는 나를 고스톱 중독자로 만들어 허탈했지만, 무기력에서 벗어날 수 있는 좋은 도구가 되었다. 지금은 좋은 경험이었다라고 생각하는 것이 그런 일도 없었으면 더 깊은 우울감에 빠졌을 수도 있었고 다른 나쁜 것에 빠졌을 수도 있었다고 자신을 위로해본다.

우리는 뭐든지 할 수 있는 힘을 가진 존재다. 지금 당장이라도 어떤 일이라도 할 수 있다. 불가능은 없다. 다른 사람들이 할 수 있는 일을 할 수 있는 것은 당연한 일이고 다른 사람들이 할 수 없는 일도 우리는 할 수 있다.

그만큼 우리 자신을 믿으면 무슨 일이라도 할 수 있는 것이 우리다. 우리 모두는 충분히 가치 있는 존재이고 자신이 알고 있는 가치보다 높은 가치를 지닌 사람들이다. 할 수 있다고 믿으면 반드시 이루어진다.

남들이 생각하고 살아가는 것을 따라갈 필요는 없다. 나는 남들과 다르니깐 다르게 살아도 된다. 남들이 뜨개질을 배울 때 컴퓨터로 다른 세상을 보는 나처럼 나는 그냥 나답게 살면 된다. 우리 모두의 가치는 누구 다른 사람이 알아주는 것이 아니다. 우리 스스로 당신 스스로 알고 있으면 된다. 당신과 우리모두는 가치 있는 존재란 것만 알면 된다.

06

상처받으면서까지 사랑할 필요는 없다

우리는 일생을 살면서 얼마나 많은 상처를 받았을까? 혹은 얼마나 많은 상처를 주었을까?

받은 상처의 종류도 다양할 것이다. 또한 받은 상처가 치유는 되었는지도 궁금하다. 상처가 되는 말인지 모르고 하는 사람이 대부분이겠지만 상처받는 사람의 느껴지는 무게는 다 다르다. 별생각 없이 하는 사소한 말이라도 상대방의 감정 상태에 따라 상처가 될 수도 있다. 상처받으라고 의도하고 상처 주는데도 절대 상처받지 않는 강한 멘탈의 소유자도 있다. 무게가 다르게 느껴지니 나의 감정 상태에 따라 무겁거나 가볍게 다가온다.

특히, 사랑하는 사람에게 받는 상처의 무게는 저울에 달 수 없을 만큼 무겁고 아프다. 내가 사랑한 크기보다 더 크게 다가오는 것이 사랑한 사람에게 받는 상처이다.

내가 사랑하고 받은 상처 중에 가장 아픈 상처가 시부모님에 대한 사랑의 상처다. 상처의 무게가 너무 무겁고 많이 아팠다. 내 생각보다 훨씬 상처가 깊어서 치유하기가 힘들다. 시골에서 학교 졸업하고 올라와서 하는 사회생활이 아무래도 어리다 보니 많이 외로웠다. 외롭고 어려운 도시에서의 생활로 지친 나에게 남편은 위로가 되고 피난처가 되어주었다. 남편의 따뜻한 마음 하나 보고 결혼을 결심했다. 결혼 전에 뵌 시댁 부모님도 편안하고 좋아 보였다. 부자로 살진 못하더라도 행복하게 살 수는 있을 것 같았다. 너무 어리다고 극구 반대하는 아버지의 뜻을 꺾고 결국 결혼을 강행했다. 가진 것은 없어도 우리 부부는 나름 열심히 일하고 살림을 일구며 삶에 최선을 다하며 살았다.

시댁에는 우리 부부를 소개해 준 손아래 동서와 군대를 다녀와야 하는 시동생이 있었고 그 부부에게는 어린 남매도 있었다. 늘 자주 아파서 누워 계시는 시아버지와 고등학교에 다니는 어린 시누이까지 있었다. 다 나와 남편이 먹여 살려야 하는 가족이었다. 그런 줄은 꿈에도 모르고 열심히 일하고 나의 역할에 최선을 다했다.

아이부터 어른들까지 가족으로 똘똘 뭉쳐서 사는 것 같아 보기 좋았다. 따뜻하고 행복한 가족의 모습에 흐뭇했다. 나도 얼른 이 가족 속으로 들어가서 보호받고 사랑받으며 살고 싶었다. 그런데 그건 나의 착각이었다.

나는 시댁 식구들 모두를 정말 사랑했다. 아프셔서 화를 잘 내시긴 하지만 나에게는 다정하신 아버님과 어린 조카들까지 일일이 챙겨야 했지만, 가족이니깐 당연하다 생각하며 업어주고 안아서 재우고 먹이고 입히고 안 해본 것 없이 다 도왔다. 군대 가고 없는 시동생을 대신하여 생활비부터 이것저것 다 나의 몫이었다. 아이들이 자라면서 돈이 많이 들어가고 시누이가 서울에서 대학교를 다녀서 경제적으로 더 힘들어졌다. 그래도 나의 가족이니 내가 할 수 있는 면에서는 정말 아무것도 아끼지 않았다.

시어머님의 큰 씀씀이와 계획성 없는 살림 때문에 시댁의 빚은 점점 늘어갔다. 나와 남편이 아무리 노력해도 좀처럼 나아지지 않는 가족의 경제적인 문제 때문에 다툼도 잦았다. 큰 소리로 싸우는 식구들의 목소리가 무서워서 몇 정거장을 도망간 적도 있다.

점점 이상하게 변해가는 것 같은 가족들 때문에 너무 힘든 나날을 보냈다. 불행 중 다행인지 나와 남편의 일이 잘되어 우리가 할 수 있는 한도에서는 모든 가족의 경제를 도왔다. 그런데 우리 부부에게도 아이가 생기면서부터는 상황이 달라졌다. 정신을 차리고 보니 우리 부부는 그동안 가족들을 위해서 희생만 하느라 우리를 위한 아무런 대책도 하지 못하고 있었다.

우리 아이도 생기니 이제부터는 가족으로부터 분리되어야 한다고 생각했다. 그래서 시부모님께 들어가던 병원비와 생활비, 시동생 가족에게 들어가던 생활비, 시누이에게 들어가던 학비와 생활비, 어머님의 곗돈, 외상금, 기타 등등 모든 것을 끊지는 못하고 줄였다. 어린 나이에 시집와서 뼈 빠지게 벌어서 이 가족을 먹여 살리고 있었다. 내가 무슨 조선시대에 온 것도 아니고 이 무슨 개고생인가 싶었다.

그런 고생에 대한 보답은커녕 나는 바보나 다름없는 사람 취급을 당하고 있었다. 내가 정말 사랑해서 한 일이긴 하지만 나의 사랑하는 마음을 이용하는 어머님의 마음을 알게 되었다.

어머님은 겉으로는 웃는 얼굴로 친절하게 대해주고 나를 정말 예뻐하는 것 같아 보였다. 그래서 시키는 대로, 하자는 대로 열심히 어머님의 빚까지 갚아가며 살았는데 그런 내 마음을 악용하였다. 나는 원래 순하고 착해서 시키는 대로 다 하는 바보로 취급하고 이용하고 있다는 말을 제삿날 친척 아주머니에게 하는 것이다. 우는 조카를 업고 나온 내가 그만 내 귀로 그 말을 듣고 말았다.

어머님에 대한 내 사랑은 언제나 진심이었고 가족에 대한 내 헌신 또한 진심이었는데 그 말은 들은 나는 정말 너무나 큰 상처를 받았다. 그 말을 듣고 보니 나는 정말 바보라 해도 틀리지 않은 진짜 바보였다.

시골에 있는 친정 식구들에게는 무심했지만 이 가족에게는 너무 최선을 다하며 살았다. 어머님의 그 달콤한 칭찬 한마디면 힘든 줄도 모르고 일했다. 일 년에 제사가 12개여도 군소리 안 하고 내 돈으로 장 봐다가 그 많은 제사도 다 지냈다. 시골에 계시는 할아버지께도 반찬이며 음식 만들어서 찾아가서 보살펴드렸다. 그런데 그렇게 나의 마음을 이용하고 나의 노동력을 착취하면서 내가 벌어 주는 돈으로 사시면서도 어떻게 나에게 그러실 수 있는지 배신감이 더 컸다. 그런데 문제는 나였다. 그런 줄 알게 되어 상처받고 힘들어 하면서도 사랑하는 그 마음을 접지 못한다.

뾰로통해진 나를 보며 화를 내셔도 나는 어머님을 미워하지 못한다. 배신감에 화가 나는데도 나는 어머님을 미워하지 못한다. 동서와 나를 비교하며 나를 흉봐도 싫은 내색도 못한다. 나는 정말 어머님과 이 가족을 너무나 진심으로 사랑했다.

너무나 사랑했던 나는 더 화도 내지 못하고 더 미워도 하지 못하는 바보가 되어 있었다.

이렇게 상처받으면서까지 살아야 할까. 내 아이가 태어나고 섭섭한 마음은 더 커졌다. 멀리 있는 친정어머님이 올라오시기 힘드니 시어머님께서 산후조리를 해주신다고 하셨는데 마음은 편하지 않았지만 다른 선택이 없었다. 마침 방학을 맞은 시누이랑 시어머님이 우리 집으로 왔다. 그런데 나를 위한다고 하면서 본인들 원하는 대로 장을 보고 본인들 드시고 싶은 거 사다가 먹고 놀았다.

처음 아이를 낳아 아무것도 모르는 나인데 나는 안중에도 없었다. 내가 하는 어머님에 대한 말들은 믿지 않던 남편이 그런 모습을 지켜보다가 안 되겠는지 두 사람 다 집으로 돌려보내고 남편인 본인이 해주겠다고 했다.

해본 적은 없지만 감자며 양파며 이것저것 몸에 좋다는 건 다 넣고 미역국도 끓이고, 동네 사람들이 연못에서 건져온 가물치도 구해서 큰 솥에 넣고 뿌옇게 고아 주었다. 그런 남편의 정성 덕분인지 내가 아직 젊고 건강해서인지 무사히 산후조리를 했다.

그 후로도 어머님은 우리 집에 이런저런 간섭을 많이 하셨다. 그러나 어머님에 대한 나의 마음이 식어가는 것을 느끼셨는지 아니면 생활비에 대한 위기감이 있으셨는지 한동안은 조심하는 모습도 보였다. 그러나 나의 마음은 시간이 지날수록 점점 차갑게 식어갔다.

늘 보는 가족과 그것도 너무나 사랑하는 어머님과 불편한 관계로 지낸다는 것은 말처럼 쉬운 일이 아니다. 그러나 더는 사랑하고 상처받고 싶지 않았다. 그래서 마음을 아예 닫기로 굳게 마음먹었다. 생각처럼 되지는 않았지만 나의 상처는 내 나이가 오십이 넘은 지금도 아프다.

상처받으면서까지 사랑할 필요는 없다. 하지만 사랑한 내 마음은 진심이었으니 후회 또한 없다. 언제나 내 마음이 먼저다. 나에게 상처가 되는 관계는 더 이상 이어갈 필요가 없다.

어떤 관계라도 상처가 된다면 그것이 손해가 되더라도 관계를 정리해야 한다. 사랑하는 내 마음을 이용하는 나쁜 시어머님과는 더 이상 좋은 관계가 될 수가 없다. 더는 사랑하고 상처받지 않는 사람으로 살고 싶다. 더는 상처받으면서 사랑할 필요도 없다.

07

더 이상 마음 다치지 않기

사람들은 누구라도 인간관계 안에서 살아간다. 인간 관계없이 혼자서는 살 수가 없다는 것은 누구나 다 알고 있는 현실이다. 그러면 내 마음 다치지 않고 상처받지 않는 인간관계는 어떻게 하는 것이 좋을까? 사람이 태어나는 순간부터 연결되는 인간관계에는 여러 어려운 점이 많다. 사람마다 다른 성격과 성향에 맞추어 인간관계를 맺고 살아가는 일은 생각보다 고려해야 하고 배려해야 하고 깊이 생각도 해보아야 하는 일이 있다.

꼭 잘하며 살아야 하는 것은 아니지만, 잘하면 편하고 좋은 점이 많은 것도 인간관계이다. 사람들과의 관계를 두려워하지 말고 내가 할 수 있는 만큼 진심을 다한다면 상대방도 나의 진심을 알고 서로 좋은 관계를 맺을 수 있다. 그래서 언제나 진심은 통한다고 생각한다. 내가 진심으로 대하면 상대도 나의 마음을 알아준다고 믿는다.

아무리 친하더라도 잘라 내야 하는 관계도 있다. 나무에 가지치기를 하듯이 인간관계에서도 나를 힘들게 하는 관계는 당장이라도 잘라내는 것이 맞다. 언제라도 이어지는 인간관계는 지금 아프게 잘라내도 새순이 반드시 올라온다. 너무 힘든 관계라면 당장이라도 싹 뚝 잘라내고 우리 자신을 위한 삶을 살아야 한다. 쉽게 상처받지 않도록 단단한 마음 근육 키워서 끝내야 하는 관계는 끝을 내고 들여다봐야 하는 마음은 신경 쓰고 들여다봐야 한다.

내 청춘을 다 바쳐서 키운 나의 아이들은 이제 어른으로 성장했다. 누가 봐도 어디에 내놔도 걱정되지 않는 건강하고 멋진 어른으로 잘 자라준 아이들이 나는 항상 고맙다.

대단하고 남들이 부러워할 만한 멋진 일을 하는 건 아니지만 자신의 자리에서 최선을 다하고 무엇보다 부모인 우리 부부에게 사랑으로 키워줘서 감사하단 말을 자주 한다. 그런 말을 해주는 마음이야말로 우리 부부가 갖는 가장 큰 보람이다. 자식 농사는 마음대로 안 된다는데 나는 항상 자식 농사만큼은 풍년인 것 같아 마음이 든든하고 풍요롭다. 우리 아이들이 지금처럼 늘 씩씩하게 멋지게 사회에 나아갔으면 좋겠다는 생각도 자주 한다. 누구에게도 지지 않고 고난에도 당당히 맞설 수 있는 삶이 되었으면 하는 바람이다.

세상살이에 힘들어 지치고 넘어져도 다시 벌떡 일어나서 손 툴툴 털고 도전하는 사람이 되기를 바라고 또 바란다. 사람들에게 늘 진심 어린 마음으로 대하고 따뜻하게 사랑하고 사랑받으며 살기를 바란다. 나의 아이들이 가는 길에는 충분히 이겨내고 헤쳐 나갈 수 있는 정도의 어려움만 있었으면 좋겠다.

인간관계에 대해서는 조금만 고민하고 진심으로 서로 잘 지내는 관계로 살았으면 좋겠다.

내가 우리 아이들에게 바라는 마음으로 다른 사람들을 대한다면 적어도 인간관계의 어려움은 없을 것 같기도 하다. 인간과 인간으로 아이들을 바라보는 것과 부모와 자식으로 보는 시선은 다르니 아이들에게 바라는 점을 나 자신에게 하면 인간관계가 더 쉬워질 것 같다.

부모와 자식의 관계도 결국은 인간관계이니 눈치가 아예 안 보이거나 그런 것은 아니다. 서로 상처 주지 않고 상처받지 않으려고 신경 쓰고 말 한마디라도 조심한다. 가족이 인간관계의 기본이다 보니 가족 간에만 잘 지내도 사회에서 만나게 되는 관계는 좀 더 쉬워진다.

사회에서 접하게 되는 관계에서도 너무 상대방의 눈치를 보고 맞추면서까지 관계를 이어갈 필요도 없다. 사회생활에서 오는 인간관계는 약간의 계산이 있으니 그런 것만 잘 알아도 쉬워진다. 너무 손해보는 장사만 아니면 된다.

적당한 거리를 두고 서로 약간은 이기적이어도 관계에 집착하지 않으면 오히려 관계가 더 좋아진다. 완벽한 관계는 없다. 너무 애쓰지 말고 적당하게 생각하자. 가끔은 힘들 때도 있지만 솔직하게 표현하고 인정할 것은 인정해버리면 된다.

관계를 지속하려고 너무 애쓰다 보면 오히려 관계가 악화될 수도 있다는 걸 알아야 한다. 말마다 부정적인 사람이거나, 우유부단하여 갈팡질팡하는 사람들은 가까이 두면 안 된다. 거짓말을 진실처럼 잘하는 사람이거나 남이 잘되는 꼴을 못 보고 늘 시기와 질투에 눈이 멀어 있는 사람도 가지치기로 잘라내야 하는 사람이다. 자존감이 너무 낮아 사람을 피곤하고 힘들게 하는 사람이나 자신의 이익에만 집중하여 나에게 마음의 상처를 주는 사람도 조심해야 한다.

친절한 사람을 싫어하는 사람은 없겠지만 친절이 오히려 나를 힘들게 하고 이용하는 일이라면 당장이라도 그 사람도 나에게서 잘라내야 한다.

내가 상처받아 가면서까지 관계를 이어갈 필요는 없다. 내가 우선이고 내 마음 다치지 않는 것이 더 큰 일이다. 적어도 나에게는 나를 스스로 보호해야 할 의무가 있다.

나 자신의 소중함을 알고 나 스스로를 지키고 칭찬하고 아껴야 한다.

내가 사랑한 만큼 상대가 나를 사랑해줄 것이라는 착각은 하면 안 된다. 그냥 내가 사랑한 내 마음만 알아주면 된다. 내가 더 많이 사랑한 것 같아 손해보는 것 같아도 결국은 더 많이 사랑한 사람은 마음껏 사랑했으므로 마음의 후회는 없다.

그러니 사람에게 집착하지 말고 사람에게 기대하지도 말고 적당하게 내 마음 다치지 않을 만큼만 사랑하고 거리를 두어야 한다. 혼자 받은 상처가 너무 아프거나 힘들어지면 나쁜 마음이 생길 우려가 있다. 언제라도 아프지 않을 만큼만 좋아한다는 건 어렵지만 그래야 내가 덜 아프다. 작은 상처는 간단히 약만 발라도 빨리 낫지만 깊은 마음의 상처는 치료하기까지 오랜 시간이 걸린다. 아프지 않고 살 수는 없지만, 이왕이면 작은 상처가 되면 좋겠다.

인간관계의 날씨는 여러 얼굴을 가지고 있다. 밝게 웃는 쨍하고 맑은 날, 눈물 뚝뚝 흐르는 흐리고 비 오는 날, 왠지 기분 나쁜 흐린 날 등등. 사람들과의 관계는 한결같이 좋을 수가 없다. 여러 얼굴을 가진 날씨처럼 변덕이니 우리 자신이 어떻게 대해야 할지 잘 알고 있어야 한다. 비가 오면 우산을 들고 나가고 해가 뜨는 날은 양산을 들고 나가야 하는 것처럼 각자에게 적절하게 대할 준비를 해야 한다.

그리고 관계를 지속할 수 있는 나만의 기술도 필요하다. 솔직함, 진실됨, 약간의 유머 등 자신이 가지고 있는 재능이나 소질이나 아니면 노력한 기술이라도 한 가지 이상은 있어야 죽을 때까지 이어질 이 관계에서 오는 피곤함을 이겨낼 수 있다.

죽어야 끝나는 것이 인간관계이다. 상처받아 가면서까지 힘들게 관계를 이어갈 필요는 없지만, 어차피 계속될 관계라면 나만의 관계에 대한 기술은 필요하다. 그리고 관계에서 가장 중요한 적당한 거리두기와 가지치기는 반드시 필요하다.

우리가 일생을 살아가면서 가장 중요한 일은 무엇이라고 생각하는가? 혹자는 사랑이라고 할 것이고, 또 누구는 가족이라고 할 것이다. 각자 개인이 중요하게 생각하는 많은 것들이 있다. 나는 제일 중요한 것은 나 자신이라고 당당하게 말할 수 있다. 내가 있어야 가족도 있고 사랑도 있고 미움도 있다.

내가 있으므로 모든 것이 존재한다. 나를 중심으로 세상이 돌아가고 있는 것이다. 내가 있어야 인간관계도 있다. 다른 사람들의 말이나 행동 때문에 더 이상 힘들게 살 필요는 없다. 나의 마음 다치지 않게 살아야 한다. 내 마음 다치고 아파해가면서까지 지속해야 하는 관계가 있다면 지금 당장이라도 가지치기하고 내 마음 먼저 들여다보아야 한다. 내 마음이 우선이다. 내 마음이 행복해야 인간관계도 이어갈 수 있고, 내 마음이 여유롭고 풍요로워야 나의 인생도 그러해진다. 더 행복한 나로 살아가려면 더 이상 내 마음 다치지 않아야 한다.

나는 인생의 바구니에 사랑과 행복을 가득가득 담아 가고 싶다.